博士论丛

电信业供应链协调与创新激励问题研究

Research on Coordination Strategy and Innovation Incentive in Telecom Industry Supply Chain

冯艳刚 著

中国科学技术大学出版社

内 容 简 介

本书以当前我国电信产业的发展现状为研究背景,探讨了当前电信产业在供应链协调、终端定制、产品定价和产品创新激励等方面存在的主要问题,并借助于供应链管理理论、博弈理论、最优化理论以及激励理论等研究了基于终端定制的电信业供应链协调策略、不同合作模式下电信业供应链的定价策略与协调机制、基于网络外部性的电信业供应链协调策略以及电信业供应链的创新激励等问题。

本书内容涵盖了管理工程、信息技术、运筹学等多个学科,可以作为电子商务、电信运营管理、企业管理等领域的学者和研究人员的研究参考资料。

图书在版编目(CIP)数据

电信业供应链协调与创新激励问题研究/冯艳刚著. —合肥:中国科学技术大学出版社,2021.11

ISBN 978-7-312-05304-7

Ⅰ.电… Ⅱ.冯… Ⅲ.电信企业—供应链管理—研究—中国 Ⅳ.F632.4

中国版本图书馆 CIP 数据核字(2021)第 186859 号

电信业供应链协调与创新激励问题研究

DIANXINYE GONGYINGLIAN XIETIAO YU CHUANGXIN JILI WENTI YANJIU

出版	中国科学技术大学出版社 安徽省合肥市金寨路 96 号,230026 http://press.ustc.edu.cn https://zgkxjsdxcbs.tmall.com
印刷	合肥华苑印刷包装有限公司
发行	中国科学技术大学出版社
经销	全国新华书店
开本	710 mm×1000 mm 1/16
印张	9.75
字数	192 千
版次	2021 年 11 月第 1 版
印次	2021 年 11 月第 1 次印刷
定价	50.00 元

前　　言

在信息高度发达的今天,电信产业在一个国家国民经济发展过程中扮演着愈加重要的角色,逐渐成为国民经济增长、产业结构升级的支柱性产业和战略性产业。移动互联网技术的快速发展以及各种智能终端在移动通信用户中的普及催生出大量的电信增值业务,吸引了越来越多的成员加入电信业供应链中。同过去只提供单一的话音服务相比,如今的电信业正在通过交错融合的方式变得更为复杂,企业之间的竞争也变得更加激烈,处于这样的大环境下的中国电信业正面临着新的机遇与挑战。

电信产业结构的巨变带来了一系列的问题,吸引了越来越多的学者加入电信业供应链的研究中来。电信业供应链的研究目前在我国还处于起步阶段,但也已经形成了几个有一定影响力的研究群体,其研究成果愈加丰富。然而,电信产业的实际应用及其需求较之理论研究总是领先一步,电信业供应链领域表现出来的问题和实际需求为研究者提供了丰富的研究背景,需要更多的研究者加入这一领域的研究中来。

本书以电信业供应链为主要研究对象,研究了当前电信行业存在的一些问题,如电信产品定价、利润分配、成员间的创新激励以及供应链的协调问题等,通过构建一系列的电信业供应链模型,给出了相关问题的解决对策。全书共分9章,第1章是绪论部分,主要从研究的背景与意义、研究过程中所用到的方法和思路、研究的创新点等几个方面对本研究进行了简要的介绍;第2章对研究过程中所用到的相关理论和该研究领域已有的相关成果进行了介绍;第3章对我国电信产业的发展现状及其存在的问题进行了分析;第4章研究了基于终端定制的电信业供应链的协调问题;第5章研究了移动互联网环境下电信业供应链的定价策略与协调问题;第 6 章是网络外部性下基于服务成本共担契约的电信业供应链协调问题;第 7 章是网络外部性下基于特许经营契约的电信业供应链协调策略研究;第 8 章研究了电信业供应链创新激励问题;第 9 章对本书的研究内容进行了回顾,总结了本书得到的主要结论,分析了研究的不足以及下一步的研究方向。

本书内容涵盖了管理工程、信息技术、运筹学等多个学科,可以作为电子商务、电信运营管理、企业管理等领域的学者和研究人员的研究参考资料。

本书的顺利出版得益于"安徽省高校优秀人才支持计划项目"(gxyqZD2021021)的资助。此外,作者的硕士研究生李晓梅参与了第 6 章和第 7 章相关内容的研究工作,为本书的顺利完成贡献了她的智慧,在此表示感谢。

写好一本书不是一件容易的事情,受作者理论水平以及实践经验的局限,书中难免会有一些缺点和疏漏之处,恳请读者批评指正。

冯艳刚
2021 年 2 月于阜阳师范大学

目 录

前言 ·· (ⅰ)

第1章　绪论 ···(1)
  1.1　研究的背景与意义 ··(1)
    1.1.1　研究背景 ··(1)
    1.1.2　研究意义 ··(4)
  1.2　研究的内容与方法 ··(5)
    1.2.1　研究内容 ··(5)
    1.2.2　研究方法 ··(6)
  1.3　研究的思路、框架及技术路线 ··(7)
    1.3.1　研究思路 ··(7)
    1.3.2　研究框架和技术路线图 ··(8)
  1.4　研究的创新点 ···(10)

第2章　相关理论介绍与文献综述 ··(11)
  2.1　相关概念的界定 ··(11)
    2.1.1　价值链的概念及其演进 ··(11)
    2.1.2　产业、产业链与产业价值链 ··(12)
    2.1.3　供应链 ···(13)
    2.1.4　价值链、产业链与供应链的联系与区别 ···(14)
    2.1.5　电信业供应链 ··(15)
  2.2　相关理论基础 ···(17)
    2.2.1　博弈论基础 ···(17)
    2.2.2　收益共享理论 ··(19)
    2.2.3　供应链协调理论 ···(20)

2.2.4　激励理论 …………………………………………………… (21)
　2.3　相关研究综述 ……………………………………………………… (21)
　　2.3.1　电信业供应链研究综述 …………………………………… (21)
　　2.3.2　电信业供应链研究现状评述 ……………………………… (25)
　　2.3.3　创新激励机制研究综述 …………………………………… (26)
　　2.3.4　创新激励机制研究现状评述 ……………………………… (28)
　　2.3.5　网络外部性的相关研究综述 ……………………………… (28)
　　2.3.6　网络外部性的相关研究评述 ……………………………… (29)

第3章　电信业供应链的发展现状及其问题分析 ……………………… (30)
　3.1　电信产业及其产品特性分析 ……………………………………… (30)
　　3.1.1　电信产业的特性 …………………………………………… (30)
　　3.1.2　电信产品的特性 …………………………………………… (32)
　3.2　电信业供应链的形成与发展 ……………………………………… (33)
　　3.2.1　传统电信业供应链的结构特点 …………………………… (33)
　　3.2.2　新的市场环境下电信业供应链的结构特点 ……………… (33)
　3.3　我国电信业供应链的发展问题分析 ……………………………… (37)

第4章　基于终端定制的电信业供应链协调模型 ……………………… (40)
　4.1　运营商与终端制造商的合作模式分析 …………………………… (40)
　　4.1.1　国外运营商的终端定制模式 ……………………………… (40)
　　4.1.2　国内运营商的终端定制模式 ……………………………… (41)
　4.2　终端定制模式下的电信业供应链协调模型 ……………………… (42)
　　4.2.1　模型应用背景分析 ………………………………………… (42)
　　4.2.2　模型假设与符号说明 ……………………………………… (43)
　　4.2.3　联盟博弈模型的构建 ……………………………………… (44)
　　4.2.4　基于Shapley值法的利润分配策略 ……………………… (50)
　　4.2.5　数值算例 …………………………………………………… (51)
　4.3　技术投资成本共担契约下的电信业供应链协调模型 …………… (52)
　　4.3.1　模型应用背景分析 ………………………………………… (52)
　　4.3.2　模型假设与符号说明 ……………………………………… (53)
　　4.3.3　分散决策情形 ……………………………………………… (54)
　　4.3.4　集中决策情形 ……………………………………………… (56)

4.3.5　基于技术投资成本共担契约的供应链协调策略 ……………（57）
　　4.3.6　数值算例 ………………………………………………………（58）

第5章　移动互联网环境下电信业供应链的定价策略与协调机制研究 ……（61）
5.1　移动互联网环境下电信产业的特点分析 …………………………（62）
5.2　电信业供应链的双渠道合作模式及其应用背景 …………………（64）
5.3　双渠道合作模式下的定价策略研究 ………………………………（65）
　　5.3.1　运营商不提供增值服务时的定价策略 ………………………（65）
　　5.3.2　运营商提供增值服务时的定价策略 …………………………（68）
5.4　管道模式下的定价策略与协调机制研究 …………………………（75）
　　5.4.1　定价策略分析 …………………………………………………（75）
　　5.4.2　基于单边转移支付机制的协调策略 …………………………（77）
　　5.4.3　数值算例 ………………………………………………………（80）
　　5.4.4　模型应用分析 …………………………………………………（81）

第6章　网络外部性下基于服务成本共担契约的电信业供应链协调策略
………………………………………………………………………（82）
6.1　模型基本假设 ………………………………………………………（82）
6.2　不同情形下的电信业供应链协调策略研究 ………………………（83）
　　6.2.1　不考虑网络外部性时的电信业供应链协调策略研究 ………（83）
　　6.2.2　考虑网络外部性时的电信业供应链协调策略研究 …………（89）
6.3　不同情形下电信业供应链利润的比较分析 ………………………（95）

第7章　网络外部性下基于特许经营契约的电信业供应链协调策略 ………（97）
7.1　基本模型 ……………………………………………………………（97）
7.2　不同情形下的电信业供应链协调研究 ……………………………（98）

第8章　电信业供应链创新激励问题研究 ……………………………………（110）
8.1　运营商与终端制造商之间的创新激励问题 ………………………（110）
　　8.1.1　模型应用背景分析 ……………………………………………（110）
　　8.1.2　模型假设和符号说明 …………………………………………（111）
　　8.1.3　模型建立及求解 ………………………………………………（113）
　　8.1.4　基于单边转移支付机制的创新激励模型 ……………………（115）
　　8.1.5　数值算例 ………………………………………………………（118）

8.2 运营商与服务提供商之间的合作研发创新激励问题 ……………… (119)
   8.2.1 模型应用背景分析 ………………………………………… (119)
   8.2.2 模型假设 …………………………………………………… (121)
   8.2.3 不同情形下运营商和服务提供商的决策分析 …………… (122)
   8.2.4 基于合作研发的创新激励模型 …………………………… (124)
   8.2.5 考虑合作程度时的创新激励模型 ………………………… (126)

第9章 总结与展望 …………………………………………………… (134)
9.1 主要研究结果 ………………………………………………………… (134)
9.2 研究展望 ……………………………………………………………… (136)

参考文献 ……………………………………………………………………… (138)

第1章 绪　　论

1.1　研究的背景与意义

1.1.1　研究背景

一直以来,作为信息产业领域重要分支之一的电信产业,在促进国民经济快速发展方面起到了关键作用。在过去较长的一段时间内,电信产业一直保持着较强的行业垄断性,并因此获得了丰厚的利润,成为国民经济发展的支柱性产业之一。有资料显示,从20世纪90年代初期到2002年,电信产业连续保持年均40%的增长态势,其增速是GDP增长速度的3~4倍[①]。

然而,进入21世纪后,随着现代移动通信技术的快速发展和电信产业的深度变革,电信产业的业务收入增长速度逐渐放缓,其对国民经济的拉动作用也由直接拉动逐渐向间接辐射带动转型。特别是2006~2010年的五年间,电信产业的业务收入增长速度连续五年低于GDP增长速度。近几年,第四代移动通信技术(4G)的推广普及以及第五代移动通信技术(5G)牌照的发放虽对电信产业的发展起到了积极的推动作用,但电信产业的业务收入增长速度仍与GDP增长速度存在一定差距。图1-1反映了近几年电信业收入增幅与GDP增幅的对比关系。电信业务收入增长放缓除了受当前经济环境以及政府监管因素的影响外,传统的话音业务量萎缩也是造成其收入增长放缓的一个重要原因。来自工业和信息化部的数据显示,2019年电信业话音业务收入完成1622亿元,比上年下降15.5%,在电信业务收入中的占比降至12.4%。

---

① 资料来源:《中国电信运营行业深度分析报告》。

与电信传统业务萎缩、收入增长放缓形成鲜明对比的是,我国的移动互联网产业却呈现出规模和效益上的快速增长。截至2019年底,我国移动互联网用户规模达13.19亿,占据全球网民总规模的32.17%。2019年,移动互联网接入流量消费达1220亿GB,比上年增长71.6%。2018年,我国移动互联网市场规模高达13.2万亿元。

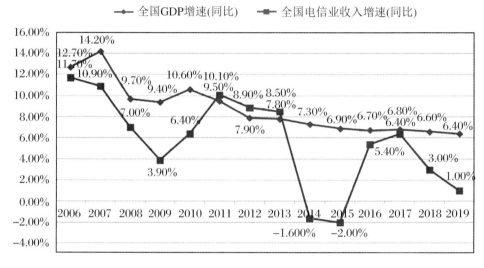

图1-1 2006~2019年电信业收入增幅与GDP增幅对比

(资料来源:搜狐网)

移动互联网技术的快速发展催生出大量的移动互联网增值业务,如无线音乐、手机电视、移动搜索、手机游戏等。面对传统的话音业务日益萎缩、收入低值化的发展趋势,电信运营商开始转变发展思路,逐渐将移动互联网增值业务作为业务收入的重要来源,经营方式也从传统的话务经营和宽带经营转向流量经营。与此同时,电信运营商也加强了与其利益相关者如终端制造商、服务提供商(内容提供商)的合作,希望通过构建合作共赢的商业模式,最大可能地获取竞争优势和实现收入增长。然而,由于缺乏科学有效的理论指导,运营商与合作伙伴在合作过程中却面临许多新的问题,具体概括如下。

问题1 移动互联网的发展打破了传统的电信业供应链的结构,运营商在供应链中的核心地位进一步动摇,企业间的关系更加复杂,企业间的分散决策导致渠道效率低下,日趋激烈的竞争使得电信业供应链的有效协作更加难以实现。

伴随着移动互联网产业的快速发展,大量的移动增值服务正源源不断地涌向电信服务市场。移动互联网的开放性打破了传统的以运营商为主导和核心的增值业务供应链的结构,同时也改变了移动增值服务的运营模式。目前的电信业供应链成员间的合作主要是借助于传统的制造业供应链中的收益共享契约实现的。然而，由于移动互联网的飞速发展，电信业供应链成员间的角色也在发生着变化。移动互联网的开放性导致了服务提供商对电信运营商的依赖程度有所下降，服务提供商与电信运营商的合作模式由传统的"围墙花园"模式逐渐向双渠道模式和管道模式转变。合作模式的转变，导致了电信业供应链成员间的利益冲突。同时，随着运营商对移动增值服务市场的涉入，服务提供商与运营商之间的关系由传统的合作关系转变为竞争与合作并存的关系，这一转变又导致了成员间的运营冲突，具体表现是成员间在增值服务产品的定价与营销策略选择上的不一致。电信业供应链成员间利益冲突的存在，直接导致了供应链效率的低下以及双重边际问题的产生。因此，如何构建新的合作机制以化解电信业供应链成员间的利益冲突，实现供应链的协调，是一个值得深入研究的问题。

问题 2 用户需求的多样化对移动终端的设计提出了更高的要求，终端产品如何创新成为运营商和终端制造商的新问题。

随着移动互联网技术的快速发展以及用户价值观念的转变，电信市场对移动终端产品的创新提出了更高的要求，市场竞争愈加激烈。各终端制造商之间的竞争已经从传统的单纯硬件指标的比拼发展成为当前的用户体验和创新功能之间的比拼。终端制造商的产品创新有利于提高用户的使用意愿，一定程度上对运营商在推广新业务和扩大市场需求方面起到了积极的推动作用。在终端定制运营模式下，如何激励终端制造商更好地进行产品创新，实现合作双方业务收入的稳定增长，成为运营商和终端制造商的新问题。

问题 3 网络外部性的存在，使电信业供应链成员的决策变得更加复杂，系统协调难度增大。

电信产业是一种典型的网络型产业，具有网络外部性的显著特征，即用户在使用某项电信服务时，除了能从该服务中获得一般效用外，还会因为与其他使用同种服务的用户形成网络并通过相互联系获得协同价值。网络外部性的存在促使电信运营商不断扩大市场份额，电信运营商的成本投入也在不断地增加，决策也变得复杂起来，并且电信业供应链节点的多样性导致整个电信业供应链系统更加难以协调。

问题 4 移动互联网增值业务产品创新不足，产品同质化现象严重，高研发投入和市场需求的不确定性制约了企业创新的积极性。

移动互联网增值业务产品属于无形产品，其特性与有形产品截然不同，具有很高的技术含量和较强的创新创意，且开发成本高，同时市场前景具有很大的不确定性。因此，产品的研发和推广很难由供应链中的单一成员完成，而需要成员间的协同合作，共同研发。在运营商与服务提供商进行合作研发创新的过程中，双方都面临着道德风险问题，如何设计合理的合作机制，激励成员间更好地进行合作创新，成为摆在运营商和服务提供商面前的一个不容忽视的问题。

基于以上原因,本书拟研究电信业供应链中的协调与创新激励问题,希望通过本书的研究,能够构建出电信业供应链的协调策略与创新激励机制,为我国电信产业的健康发展提供理论依据和决策参考。

1.1.2 研究意义

1. 理论意义

(1) 针对当前电信产业发展过程中存在的诸如成员间合作关系、供应链协调性以及信息产品创新等问题,以"电信业供应链协调与创新激励问题研究"为主题,研究了电信业供应链的协调问题与创新激励问题,其研究结果可以丰富电信业供应链的相关理论。

(2) 将传统制造业中的供应链管理理论、协调理论,经济学中的博弈理论以及运筹学中的最优化方法应用到电信业供应链的研究领域,体现了学科交叉融合的思想。

(3) 结合我国电信产业的实践,在前人相关研究的基础上,本书构建了不同合作机制下电信业供应链协调策略与创新激励模型,提出了利用联盟博弈理论、成本共担契约以及单边转移支付机制实现供应链协调的思想。在研究电信业供应链的创新激励模型时,提出了基于合作研发的创新激励方法,分析了成员间的合作程度对创新激励的影响,为电信业供应链的相关研究提供了新的研究思路。

2. 实践意义

本书结合中国电信业的产业实践,研究在移动互联网技术飞速发展的趋势下运营商、服务提供商和终端制造商之间的创新激励问题以及电信业供应链的协调问题,其研究结果对新时期我国电信业的健康发展以及企业运作战略的实施具有一定的启示作用,具体体现在以下两个方面。

(1) 在移动互联网环境下,用户对移动终端以及移动增值服务需求的多样性促使终端制造商、运营商和服务提供商之间需要建设新型的合作伙伴关系,而合作伙伴关系的稳定性和协调性取决于利润分配的公平合理性,本书提出的基于Shapley值法的利润分配机制为解决电信业供应链节点企业间的利润分配问题以及供应链的协调问题提供了决策参考。

(2) 研究发现,利用单边转移支付机制不但可以实现供应链的协调,而且可以激励供应链的成员努力提高其创新水平。此外,成员间合作程度的加深有利于电信产品创新水平的提高和社会福利的增加。本研究可以为电信业供应链节点企业进行决策和构建合作关系提供决策支持。

1.2 研究内容与方法

1.2.1 研究内容

本书在对电信业供应链的研究现状进行分析评述的基础上,根据当前我国电信产业实践,借鉴传统供应链管理理论中的一些协调机制和创新激励机制,同时结合经济学中的博弈理论、运筹学中的最优化理论等理论方法来研究电信业供应链的协调策略和创新激励问题。本书共分9章,主要研究内容如下。

第1章是绪论部分。主要从选题背景、研究意义、研究过程中所用到的研究方法和研究思路、研究的创新点等几个方面对本研究进行了简要的介绍。

第2章对研究过程中所用到的相关理论和该研究领域已有的相关成果进行了介绍。首先介绍了与本书相关的一些理论知识,如产业链、价值链、供应链等相关概念的区别与联系;其次分析了电信业供应链研究领域的研究现状,介绍了关于电信业供应链协调问题以及创新激励问题研究领域的主要研究成果;最后对上述问题的研究现状进行了评述,指出当前电信业供应链研究领域存在的不足,从而引入本书要研究的问题。

第3章对我国电信产业的发展现状及其存在的问题进行了分析。从电信产业及其产品特点入手,回顾了我国电信产业的发展历程,分析了不同时期电信业供应链的结构及其主要特点,同时对当前电信业供应链成员间的合作模式进行了介绍,为后续研究工作的开展奠定了基础。

第4章研究了基于终端定制的电信业供应链的协调问题。首先对电信运营商和终端制造商之间的合作模式进行了介绍,以此为基础构建了一个由终端制造商、电信运营商和服务提供商组成的电信业供应链模型;其次研究了不同合作形式下成员间的联盟博弈问题以及利用Shapley值法进行成员间的利润分配和供应链的协调问题;最后研究了在考虑终端制造商进行技术改进时利用技术投资成本共担契约协调供应链的问题。

第5章研究了移动互联网环境下电信业供应链的定价策略与协调问题。首先结合当前的电信产业实践介绍了电信业供应链的双渠道合作模式和管道合作模式;其次研究了双渠道合作模式下运营商不参与竞争和运营商参与竞争时的移动增值服务产品的定价问题;最后研究了管道合作模式下运营商和服务提供商之间的价格博弈问题以及如何利用单边转移支付策略实现供应链协调的问题。

第 6 章研究了网络外部性下基于服务成本共担契约的电信业供应链协调问题。探究了电信业供应链中不考虑网络外部性和考虑网络外部性时的协调问题,通过构建两种决策模型,求解供应链上的成员在集中决策和分散决策两种模式下所做出的决策。探讨了网络外部性强度对最优决策的影响,比较了两种决策模式下的供应链系统利润,构建了基于服务成本共担契约的供应链协调模型,分析了网络外部性强度与电信业供应链中各成员利润之间的关系。

第 7 章研究了网络外部性下基于特许经营契约的电信业供应链协调策略。探究了电信业供应链中不考虑网络外部性和考虑网络外部性时的供应链协调问题,分别构建了分散决策和集中决策模型,求解两种决策模式下的最优决策,同时探讨了网络外部性强度对最优决策的影响,比较了两种模式下的供应链系统利润,研究了如何利用特许经营契约对电信业供应链进行有效协调的问题。

第 8 章研究了电信业供应链创新激励问题。首先构建了运营商和终端制造商之间的创新激励模型,利用单边转移支付激励机制研究了运营商和终端制造商之间的创新激励问题;其次研究了运营商和服务提供商之间基于合作研发的创新激励模型,分析了合作研发激励机制对合作双方利润的影响;最后在考虑运营商和服务提供商之间的合作程度时研究了合作程度对成员间合作创新的影响。

第 9 章对本书的研究内容进行了回顾,总结了本书得到的主要结论,分析了研究的不足以及下一步的研究方向。

1.2.2 研究方法

1. 文献研究法

在撰写本书之前,笔者借助知网、万方、Elsevier Bibliographic Databases 等国内外知名的数据库查阅了大量的有关电信业供应链的文献,通过对文献的广泛阅读,对该领域的国内外研究现状有了较为全面的了解。在此基础上归纳总结出现有研究存在的不足,为本书研究工作的开展奠定了基础。

2. 定性分析法

利用定性分析的方法,本书主要研究了我国电信产业的发展历史及其现状、电信业供应链成员间合作模式、国内外电信业供应链的发展现状、合作创新在电信产业中的应用、电信产业中的创新激励问题等。

3. 定量分析法

利用定量分析的方法,本书构建了电信业供应链的竞争合作模型、双渠道模式下运营商和服务提供商的定价模型、考虑网络外部性下电信业供应链的协调模型、运营商与服务提供商的创新激励模型等。研究过程中运用了运筹学中的最优化方法、经济学中的博弈理论等理论方法,借助于 Mathematics、Matlab 等数学软件对模型进行了求解,并就模型结果所反映出来的一些问题及其管理含义进行了挖掘。

4. 理论研究与数值模拟相结合的方法

为了对所研究的一些结果进行进一步的验证,本书给出了许多的数值算例,同时借助于各种图、表对数值结果进行了展示,通过对数值结果的对比分析,进一步验证本书所得出的一些结论,使之更具说服力。

1.3 研究思路、框架及技术路线

1.3.1 研究思路

首先,广泛阅读文献,了解电信业供应链研究领域的前沿问题。通过对文献的广泛阅读,对电信业供应链研究领域的前沿问题进行深入了解,在此基础上找出当前研究存在的不足之处,同时明确本书所要研究的主要内容。

其次,结合现实背景,将所研究的问题加以抽象,构建出合理的数学模型。在合理假设的基础上将现实问题加以抽象,设置各种变量并根据变量之间的关系构建出合理的数学模型以便更好地分析问题。

再次,借助于不同的理论与方法对模型进行求解。利用随机分析、最优化、博弈论等数理方法对模型进行求解。

最后,对求解结果进行分析、验证,挖掘其管理含义。在对模型进行求解的基础上,利用比较静态分析方法研究变量与变量之间的关系,同时通过数值算例对研究结果进行验证,充分挖掘模型结果所蕴含的管理含义,揭示其所包含的经济规律。利用结果解释现实中的一些现象,为企业提供合理的决策参考。

1.3.2 研究框架和技术路线图

本书的研究框架和技术路线图分别如图 1-2、图 1-3 所示。

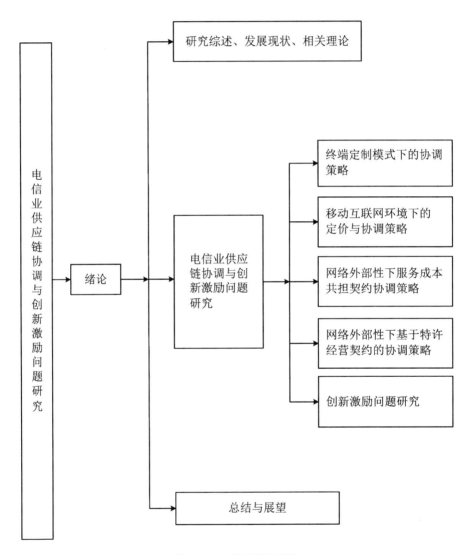

图 1-2 本书的研究框架

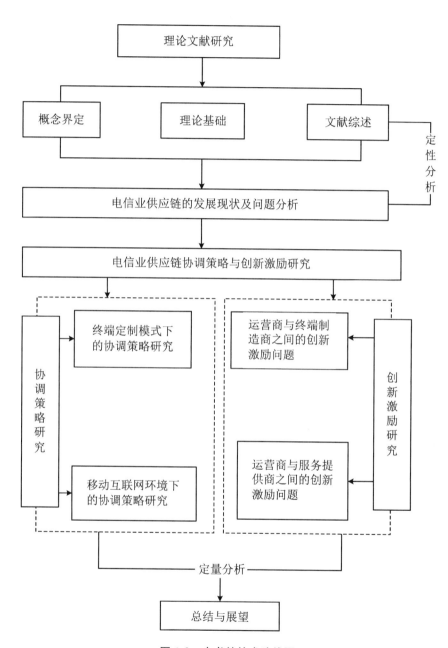

图 1-3　本书的技术路线图

1.4　研究的创新点

概括起来,本研究的创新之处主要体现在以下三个方面。

(1) 结合当前的电信产业特征构建了新的符合行业特点的电信业供应链模型。同已有的相关文献相比,本书在模型构建上不仅考虑了运营商和服务提供商之间的合作关系,同时还考虑了运营商和终端制造商之间以及服务提供商和终端制造商之间的合作关系,将终端制造商、运营商和服务提供商同时考虑到一个模型当中,模型构建更贴近于现实问题。

(2) 将合作博弈理论及单边转移支付策略运用到电信业供应链协调问题的研究当中。同已有的相关文献的区别在于:① 已有的相关文献研究供应链成员间的合作关系时大都从非合作博弈的角度进行考虑,而本书则是从合作博弈的角度进行考虑;② 已有的相关文献在研究电信业供应链的协调问题时,采用的是以传统的收益共享契约为基础的协调策略,随着供应链成员间合作关系的改变,传统的协调策略已经不再适用,而本书则将合作博弈理论中的 Shapley 值法和传统供应链管理理论中的单边转移支付策略运用到电信业供应链协调问题的研究当中,体现了研究思路和研究方法上的创新。

(3) 在研究电信业供应链合作创新问题时考虑了成员间的合作程度对合作创新的影响,揭示了成员间的合作程度与信息产品创新质量以及企业利润之间的关系。已有的相关文献在研究电信业供应链成员间的创新激励问题时,大多采用的是经济学领域的委托-代理理论,且没有考虑成员间的合作程度。本书提出的是一种基于合作研发的创新激励机制,同时将供应链成员间的合作程度考虑进去,在假设成员合作程度加深有利于降低创新成本的情况下,分析了合作程度对信息产品创新质量和企业利润的影响。将成员间的合作程度考虑进电信业供应链的创新激励问题研究中,体现了研究视角的创新。

第 2 章 相关理论介绍与文献综述

本章主要包含两部分内容：一是与本书内容相关的一些理论知识介绍；二是分析在电信业供应链的协调与创新激励方面国内外的研究现状。其中理论知识部分主要介绍了价值链理论、产业链理论、供应链理论、博弈论、网络外部性理论、供应链收益共享理论、激励理论等内容。这些理论知识既可以作为本书的研究基础，同时也可以增加本书的学术价值。在文献综述部分通过对相关文献的回顾与评述，指出已有文献的研究局限性，在此基础上进一步阐述了本书的研究意义及其学术价值，为下一步研究工作的开展奠定了基础。

2.1 相关概念的界定

2.1.1 价值链的概念及其演进

价值链(Value Chain)理论最早是由著名的"竞争战略之父"——美国哈佛商学院的迈克尔·波特(Michael E. Porter)教授于 1985 年在其著作《竞争优势》[1]一书中提出的。迈克尔·波特指出："价值链是一个企业为了提供一个有价值的产品或服务市场而在一个特定的行业开展的一系列诸如设计、生产、销售、交付等活动的集合。"从其关于价值链理论的论述中不难看出，迈克尔·波特在分析企业的价值活动，企业所获得的竞争优势以及企业、供应商与用户之间可能存在的连接时，都是从单个企业的角度去考虑的。约翰·沙思克(John Shank)和菲·哥芬达拉加(V. Govindarajan)[2]则将价值链的概念做了进一步的拓展。他们认为，任何企业的价值链都应该是以供应商原材料的获取为起点和以用户产品的获得为终点的整个价值生产作业的过程。彼特·海恩斯(Peter Hines)[3]在将波特的价值链理论进行进一步扩展的基础上提出了新的价值链观点，将价值链的概念定义为"集成物料价值的运输线",他将客户对产品的需求视为生产过程的终点,将利润视为在企业实现这一目标过程中得到的副产品。这与迈克尔·波特的将利润作为主要目标的观点正好相反。

随着信息技术的快速发展以及电子商务的兴起,虚拟价值链的概念应运而生。如杰弗里·雷鲍特(Jeffery F. Rayport)和约翰·斯维奥克拉(John J. Sviokla)[4]在1995年的时候就将价值链区分为虚拟价值链和实物价值链,这一说法强调了信息技术在企业价值创造过程中所发挥的巨大作用。在这一思想下,有形的"市场场所"和无形的"市场空间"被认为是企业竞争的两个领域。随着消费者需求的不断增加,再加上国际互联网的冲击,企业所面临的市场环境发生了很大的改变,市场竞争不断加剧。基于以上原因,亚德里安·斯莱沃斯基(Adrian Slywotzky)在其著作《发现利润区》[5]中首次提出了价值网的概念。从以上分析可以看出,尽管价值链的概念在不断地演进,但其本质仍然没有改变,它是由一系列虽不相同但又互相关联的经济活动构成的有机体。

2.1.2 产业、产业链与产业价值链

1. 产业的含义

英国著名经济学家阿尔弗雷德·马歇尔(Alfred Marshall)[6]认为,同生物组织体一样,产业是一个社会组织体,这个组织体的各部分有着不同的分工,同时各部分之间又有着紧密的联系。产业是指生产物质产品的集合体,根据不同的集合标准,可以得到不同的产业划分。最先对产业进行较为系统划分的是国际劳工局,他们在20世纪初期就提出了按照初级生产部门、次级生产部门和服务部门来对一个国家的产业进行划分的观点。根据这一观点,处在相同产业中的个体,其经济活动总是呈现出相同或相似的特性。结合这一特点,可以将产业定义为"具有某种同类属性的经济活动的集合或系统"。

2. 产业链的含义

产业内成员间分工不断向纵深发展的趋势,改变了传统的产业内部由单一企业主导的局面,不同类型的价值创造活动逐步演变为多个企业的活动,这些企业在共同创造价值的同时进一步形成了上下游关系。这种企业之间围绕某种商品或某种服务进行的一系列活动所形成的上下游企业之间的链条关系称为产业链。产业链作为产业经济学中的一个宏观性概念,其本质是对一个具有某种内在联系的企业群结构的描述。产业链同时具有二维属性,分别是结构属性和价值属性。

3. 产业价值链

笔者查阅了国外许多研究价值链的文献后发现,鲜有学者提到产业价值链这一概念。可以认为,产业价值链这一概念是我国学术界为了进一步拓展价值链理论的研究边界,将其应用于产业范围,以分析产业当中发生的价值创造、传递、分配等活动而给出的一个经济学概念。所以,在产业价值链研究领域,研究者以国内学者居多,其研究还处于初级阶段。

潘成云从效用的视角给出了产业价值链的定义,他认为"产业价值链是指那些具有相互衔接关系的企业集合,这些企业以某项核心技术或工艺为基础,并以能够提供满足用户某种需要的效用系统作为企业目标"[7]。

李平等人对产业价值链的涵义与特点进行了界定,他们认为产业价值链是产业中一个不断转移、创造价值的通道,它一方面是价值链在产业层面上的延伸,另一方面也是多个企业价值链的整合,同时具有消费需求决定性、价值创造性、价值不均衡性与自组织性等特征[8]。

张琦等人将产业价值链看成是一个由产业生态系统中一系列为实现产业化的过程而在产前、产中和产后提供不同功能和服务的价值型企业或单元所组成的价值创造系统[9]。

韩月认为产业价值链是一个有机体,其各组成机构既相互制约又相互依存,产业价值链具有增值性、循环性、层次性和差异性[10]。

范云翠认为,如果仅从价值的角度对位于产业链中的各企业在相互竞争中所开展的一系列经济活动进行界定的话,则可以将其称为产业价值链[11]。作为蕴藏在产业链背后的价值组织所创造的一种结构形式,产业价值链一方面兼具产业链的价值属性代表和价值链更深层次的价值含义两种属性,另一方面还决定着产业链的经营战略和竞争优势。

2.1.3 供应链

供应链(Supply Chain)这一概念最早产生于 20 世纪 80 年代,早期的学者把供应链定义为制造企业中的一个内部过程,在这一过程中,制造企业向外部企业购买用于生产的原材料以及零部件,然后借助于生产转换和销售等一系列的企业活动,将产品传递给零售商及其用户。Ellram[12]认为,供应链是一个交互式企业网络,该网络连接着最初的原材料供应和最终的向顾客交付产品与服务。国内学者马士华则认为,"供应链是指商品到达消费者的手中之前各相关企业的连接或业务的衔接,它是围绕核心企业,通过对三流(信息流、物流、资金流)的控制,以原材料的采购为起始点,经历中间产品以及最终产品的生产,最后通过销售网络把产品送到消费者手中的将供应商、制造商、分销商、零售商直到最终用户连成一个整体的功能网链结构"[13]。

随着经济一体化进程的不断推进,全球竞争趋势进一步加剧,在这种环境下,供应链的内涵也发生了深刻的变化。供应链的"链条"从先前的企业内部逐渐扩展到不同企业之间,此时的供应链更加注重通过不同企业的协作将原材料转换成产品并最终传递给用户这一过程,从而形成了产业供应链的概念。

2.1.4 价值链、产业链与供应链的联系与区别

这三个概念之间具有一定的关联性,同时又存在着差异性,具体分析如下。

1. 关联性

(1) 三者的形态结构相同。就其形态结构而言,价值链、产业链和供应链呈现的都是一种"链式"结构,它们覆盖相同的企业网络,链内成员之间相互交互、联系,最终提供产品和服务[14]。

(2) 企业辨清自身的价值链是实施供应链管理的前提。价值链理论作为一种分析企业竞争优势的工具,同时也是建立和增强企业竞争优势的系统方法,通常并不是孤立地存在于一个企业内部,而是可以进行外向延伸或连接的。当几个企业之间形成了供应链连接并实现了同步流程管理,就可以认为这些企业的价值链已经实现了一体化连接,此时的价值链由先前的价值链条变成了价值星座。因此,可以说企业辨清自身的价值链是实施供应链管理的前提。

(3) 供应链的连接是产业链生成的基础,产业链是多重供应链的复合体。对于产业链而言,它虽然属于宏观经济管理理论,但企业仍然是其运作上的构筑载体,这种构筑依赖于企业之间在经营上的有序连接,并且这种连接是垂直的和广范围的或者是多环节的。相比于产业链的连接方式,供应链连接则可以是多向的,也可以发生在有限的产业范围内,因此可以认为,供应链的连接是产业链生成的基础,而产业链条是多重供应链条的复合体。

2. 差异性

(1) 作为一种战略决策方法,价值链这一概念的提出最初主要是用于企业竞争优势的分析,其着眼点是企业的价值增值过程,目标是企业如何从价值链的各个环节挖掘自己的竞争优势根源,从而实现诸如成本、产品歧异化或目标集聚的竞争战略。价值链管理的核心是创造价值,其思想是面向企业效益的,管理目标是致力

于为用户创造更多价值[11]。

(2) 作为一种战术管理方法,供应链管理同采购、供应、库存等管理活动有着紧密的联系,主要涉及具体业务的运作管理,物料在供应链上通过加工、包装、运输等活动和过程的合理组织实现价值增值,从而为相关企业带来收益。供应链的着眼点是企业效率的提高,其目标是通过供应链管理来实现企业成本的降低以及生产效率的提高。因而,供应链管理注重企业效率,其思想是面向企业效率的。就研究方法而言,供应链与价值链相比有着更为成熟的定量研究方法。

(3) 作为一种宏观经济管理方法,产业链是相对于不同企业的概念,甚至是相对于不同地区和国家的概念,从某种程度上说,它反映的是不同地区、不同产业之间或相关联行业之间构成的具有链条绞合能力的经济组织关系。它实现了价值链与供应链关注重点的有机结合,一条完整的产业链应该是产品研发设计、生产能力、交付过程以及用户需求信息等要素的有机结合体。因此,产业链的含义要比价值链和供应链更加广泛。

表2-1给出了价值链、产业链和供应链的主要区别。

表 2-1 价值链、产业链和供应链的主要区别

	价值链	产业链	供应链
定性	战略决策方法	宏观经济管理方法	战术管理方法
着眼点	企业如何实现价值增值过程	不同产业之间的连接关系	企业成本的降低以及生产效率的提高
管理目标	注重对价值链各个环节中竞争优势根源的挖掘,期望通过管理达到成本、产品歧异化或目标集聚的竞争战略	满足用户需求创造价值的同时提高供应流程效率,降低成本	企业成本的降低以及生产效率的提高

2.1.5 电信业供应链

从前面的分析可以看出,价值链、产业链和供应链这三个概念中,以产业链的概念所包含的范围最为广泛。就价值链和供应链而言,价值链是供应链的反映实质,供应链是价值链的表现形式。本书拟从供应链的角度对电信产业进行研究,以便于定量地分析电信产业的微观操作及其运作管理。正如郑惠莉所指出的那样,"从供应链的角度研究电信产业,是对电信产业价值链研究领域的丰富和补充,其结果可以为电信产业的健康、协调发展提供重要的定量决策依据"[16]。

对于电信业供应链这一概念,国内外鲜有学者给出其具体的定义,只是在相关文献中提到过这一概念。国外方面,Agrell[17]、Lamothe[18]、Caroline Thierry[19]等人分别在文献中使用了"telecom supply chain"一词。国内方面,郑惠莉[16]、曹爱红[20]、白秀广[21]等在研究中也都使用了"电信业供应链"这一概念。本书在参考部分学者对电信业供应链所下定义之后,将其定义为:电信业供应链是指由电信运营商、服务提供商、终端制造商等企业组成的商业实体,他们共同合作,负责一种或多种电信业务的规划、设计、服务提供等。

就当前我国的电信产业而言,在电信业供应链中,终端制造商将终端产品销售给运营商,运营商再将终端产品销售给用户,并利用其基础网络为用户提供通信和各类增值服务。同时,服务(内容)提供商也通过运营商的网络为用户提供各类服务,从而形成一条由终端制造商、运营商、服务(内容)提供商以及用户构成的电信业供应链。电信业供应链具有类似于传统的制造业供应链的链状结构,如图 2-1 所示。

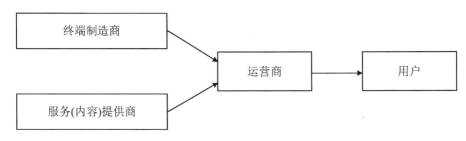

图 2-1　电信业供应链结构图

尽管电信业供应链与传统的制造业供应链在结构上十分相似,但是同传统的制造业供应链相比,电信业供应链有其自身的特点,以下就电信业供应链与制造业供应链的主要区别加以概括。

(1) 产品形态不同。传统的制造业供应链中的产品通常是有形产品,而电信业供应链中的产品属于信息产品,通常是一种无形产品,信息产品的一个显著特征是其初始固定投资巨大而边际生产成本则非常小,近乎为零。

(2) 生产与消费过程不同。对传统的制造业供应链而言,生产和消费是其两个基础环节,生产和消费通常是分离的。而电信业供应链的生产和消费则是同时进行的,即运营商生产出电信信号的时刻也正是用户的消费时刻。

(3) 库存的含义不同。在传统的制造业供应链中,库存问题存在于供应链的各个环节,从最初的原材料采购到最终的产品销售,都离不开库存问题。而在电信业供应链中,库存则被赋予了新的含义,这里的库存指的是运营商的通信网络容量,当网络容量过大而用户群体较小时,也会造成一定意义上的"产品过剩"。在传统的制造业供应链中,商品的库存水平是连续变化的,一般情况下可以随时补充库存。而在电信业供应链中,运营商网络容量的扩充是一个跳跃的过程,短期内很难实现网络容量的连续扩充。

2.2 相关理论基础

2.2.1 博弈论基础

"博弈论"译自英文"Game Theory",其本意是"游戏理论"。博弈论又称对策论(Theory of Interactive Decision),是研究当决策主体的行为发生直接作用时决策者的决策方法及决策的均衡问题。同传统的一般均衡理论不同的是,博弈论刻画的是决策主体的直接互动,而非间接互动[22]。博弈论是"决策相互影响的理论,即在一个行为活动下,各个主体行动是根据对方的行为而做出判断的,并且参与各方都是理性的"[23]。

1. 博弈的分类

(1) 依据参与各方是否存在合作关系,博弈通常被分为非合作博弈(Non-Cooperative Game)与合作博弈(Cooperative Game)两部分内容。如果参与各方在相互作用时已经达成了一个具有约束力的协议的话,该博弈称为合作博弈,否则称为非合作博弈。

(2) 在非合作博弈中,根据参与方决策时的行动先后顺序划分,非合作博弈可以划分为静态博弈和动态博弈两种类型。如果博弈方同时进行决策,或虽非同时决策,但后行动一方并不清楚先行动一方的具体行动方案,则该博弈称为静态博弈。如果参与方的决策顺序有先后之分,且后决策一方能够观察到先决策一方的选择,并针对先决策一方的选择给出应对策略,则该博弈称为动态博弈。

(3) 依据参与方对其他成员的信息了解程度划分,博弈可分为完全信息博弈和不完全信息博弈。如果每个参与方对所有其他参与方的信息如特征、战略和支付函数等了解得比较清楚,则该博弈称为完全信息博弈;如果参与方对所有其他参与方的信息了解得不够精确,则该博弈称为不完全信息博弈。

在非合作博弈中,如果将信息和行动次序看成两个维度的话,可以得到四种不同类型的博弈,每一种博弈对应的均衡也各不相同。表 2-2 列举了这四种不同的博弈及其均衡。

表 2-2　非合作博弈的分类及其对应的均衡

行动顺序 \ 信息	完全	不完全
静态	完全信息静态博弈 (纳什均衡)	不完全信息静态博弈 (贝叶斯-纳什均衡)
动态	完全信息动态博弈 (子博弈精炼纳什均衡)	不完全信息动态博弈 (精炼贝叶斯-纳什均衡)

2. Stackelberg 模型

Stackelberg 模型是一种动态博弈模型,用于刻画双寡头垄断竞争产量问题,由德国经济学家斯塔克尔伯格(Stackelberg)于 1934 年首次提出[24]。该模型可描述为:处于寡头市场的两个厂商需要各自决定自己的产量,两个厂商的地位不均等,其中一个处于领导者地位,另一个处于追随者地位。处于领导者地位的厂商在进行产量决策时有优先权,处于追随者地位的厂商在领导者做出决定后才能决定自己的产量。Stackelberg 博弈模型刻画的是垄断市场中地位强弱不等的两个企业的博弈过程,属于本书前面提到的完全信息动态博弈。Stackelberg 博弈理论目前被广泛地应用于经济学研究领域,部分学者将其作为一种分析具有决策先后顺序的两个竞争主体之间关系的思维方法引入到管理学研究领域。本书将用其研究设备制造商和运营商、运营商和服务提供商之间的决策问题。

"逆推归纳法"(Backwards Induction)是求解 Stackelberg 博弈问题的一种有效方法[25]。其基本思想是:以动态博弈的最后一个阶段作为起始点进行分析,首先确定出博弈双方在最后一个阶段选择的策略,而后往上逆推,逐次确定博弈双方在上一阶段的选择策略。其逻辑基础可表述为:在动态博弈中,处于领导者地位的博弈方在做出理性的决策之前,会首先考虑处于追随者地位的博弈方在下一阶段的博弈中将如何选择应对策略,直到博弈的一方做出选择后不再受另一方的牵制,便可直接做出明确的选择。

3. 合作博弈的 Shapley 值解法

合作博弈的求解方法主要有核心法、核仁法以及 Shapley 值法等。本书主要使用的是 Shapley 值法。

Shapley 值法是一种求解 n 人合作博弈问题的方法,由美国著名的数学家和经济学家夏普里(Shapley)于 1953 年提出[26]。其主要思想是按照联盟成员对联盟贡献的大小来决定成员间的收益分配,定义如下。

定义 2.1 设 $\langle I,v \rangle$ 为一联盟博弈,其中 $I=\{1,2,\cdots,n\}$ 表示局中人构成的集合,$\forall S \subseteq I$,都对应着一个实值函数 $v(S)$,且 $v(S)$ 满足条件

$$v(\phi) = 0 \tag{2-1}$$

$$v(S_1 \cup S_2) \geqslant v(S_1) + v(S_2), \quad S_1 \cap S_2 = \phi \tag{2-2}$$

设 $\Phi_i(v)(i=1,2,\cdots,n)$ 表示 I 中的成员 i 从 $v(I)$ 中应获得的收益,则联盟博弈 $\langle I,v \rangle$ 中各成员分配的收益 $\Phi(v) = (\Phi_1(v), \Phi_2(v), \cdots, \Phi_n(v))$ 满足

$$\sum_{i=1}^{n} \Phi_i(v) = v(I) \quad (\text{集体理性}) \tag{2-3}$$

$$\Phi_i(v) \geqslant v(i), \quad i=1,2,\cdots,n \quad (\text{个体理性}) \tag{2-4}$$

故联盟博弈 $\langle I,v \rangle$ 中各成员的 Shapley 值为

$$\Phi_i(v) = \sum_{i \in s, s \subset N} \frac{(n-|S|)!(|S|-1)!}{n!} [v(S) - v(S \setminus i)], \quad i=1,2,\cdots,n \tag{2-5}$$

其中 $v(S \setminus i)$ 表示子集 S 中除去成员 i 后的收益,$|S|$ 表示 S 中元素的个数。

式(2-5)的一个直观解释为 $\Phi(v) = (\Phi_1(v), \Phi_2(v), \cdots, \Phi_n(v))$ 就是按照参与人的平均贡献来安排的分配设计。假设博弈各方按照随机组合的顺序结成联盟,那么每一种组合顺序所发生的概率是相等的,都是 $\frac{1}{n!}$,博弈方 i 与前面的 $(|S|-1)$ 个人结成联盟 S,则 i 对该联盟的边际贡献为 $v(S) - v(S \setminus i)$。由于 $S \setminus \{i\}$ 与 $I \setminus S$ 的博弈方的排序共有 $(n-|S|)!(|S|-1)!$ 种,因此每种排序出现的概率为 $\frac{(n-|S|)!(|S|-1)!}{n!}$,从而博弈方 i 在联盟 S 中的边际贡献的期望收益恰好是其 Shapley 值。

2.2.2 收益共享理论

在供应链管理实践中,决策者的分散决策行为往往会导致渠道效率的低下,容易产生双重边际问题,无法实现供应链的协调。采用合理的供应链契约可以激励供应链成员将自己的收益同整个供应链的收益联系在一起,从实现供应链整体收益最大化的角度进行决策。较常用的供应链契约有收益共享契约[27]、回购契约[28]、批发价契约[29]、数量弹性契约[30]等。收益共享契约是供应链契约中一种很有实践价值的协调机制,其最早出现在音像制品租赁行业。Mortimer[31,32]的研究表明,在音像租赁行业,借助于收益共享契约,供应链系统利润的提高幅度可以达到 10% 左右。

收益共享契约是指在一个由单个供应商和单个零售商组成的供应链系统中,

供应商以某一批发价格向零售商提供商品,但对于零售商销售的每一件商品,供应商可以享受一部分的收益。同其他的供应链契约相比,收益共享契约能够实现最广范围和任意收益分配比例下的供应链协调。

在电信行业,也存在着类似的收益共享契约。当前我国的电信市场中,运营商借鉴了日本电信运营商 DoCoMo 公司的 I-mode 运营模式,与各服务(内容)提供商之间按照收益分享的方式进行合作。以手机动漫产业为例,手机动漫 CP(内容提供商)与移动运营商合作,通过运营商平台推广产品并计费,然后进行收入分成。分成比例分别为移动运营商 35%、平台提供商 20%、动漫 CP 45%。此外,作为全球著名的移动终端制造商的苹果公司和电信运营商之间采用的也是这种以收益共享为基础的合作模式,苹果公司选择独家合作的运营商,通过其向用户提供移动终端,同时享有运营商一定比例的收入分成。比如苹果公司与中国联通关于第三代 Apple Watch 的合作,采用的就是这种模式。本书将研究收益共享契约下运营商和服务提供商之间的合作模型及其协调问题。

2.2.3 供应链协调理论

供应链协调理论主要用于研究供应链管理中由于决策者的分散决策而引起的问题,是供应链管理研究领域重要的研究内容之一。所谓协调,是指采用某种方法对所研究的系统进行调控,使该系统由无序转变为有序,最终达到协同的状态[33]。系统的协调程度愈高,其所输出的功效就愈大,其结果便愈有价值,因而协调后的系统整体功能要大于协调前其各部分系统功能之和。

理论研究和实践检验均表明,在缺少有效的机制对企业行为进行约束时,供应链中的节点企业通常会从企业自身利益最大化的角度进行分散决策,这种决策模式必然会导致双重边际问题[34]的出现,无法实现供应链的协调。传统的制造业供应链研究领域通常可以采用收益共享、回购、数量折扣、价格弹性等契约来实现供应链协调。

不同于传统制造业中的有形产品,电信业供应链中所生产的信息产品属于无形产品。其初始生产成本巨大而边际生产成本近乎为零[16],再加上信息产品生产与消费的同步性,因此无法利用回购、数量弹性等契约来协调电信业供应链。

电信业供应链与传统的制造业供应链相比,虽然有其相似的地方,但很多概念已经发生了变化。因此,不能将传统制造业供应链中的协调策略直接照搬到电信业供应链中。要研究电信业供应链中的协调问题,需要引入新的参数,构造新的协调目标函数。

2.2.4 激励理论

劳动分工和交易的出现产生了激励问题,被称为"经济学鼻祖"的亚当·斯密在其著作《国富论》中首次对激励问题进行了探讨。斯密指出,雇主与雇工的本质是一种契约关系,他们之间存在着一定的利益冲突,雇主只有采用适当的激励策略才能使得雇工按照他的意愿去行动[35]。所谓激励,通常是指某个组织或个体对另一个个体的激励,按照经济学的观点,主要考虑如何在资源有限的情况下,通过合理的资源配置以达到对个体的最佳激励效果。从企业管理的角度来看,激励就是企业通过一定的奖惩手段来调动员工的生产积极性,以实现整体的某个目标,从而获得利润最大化。

哈佛大学的教授詹姆斯在其著作《行为管理学》一书中深入研究了员工的激励问题。研究发现,实行计时工资的员工,其工作能力仅能够发挥到20%～30%,远低于其正常的发挥水平。而当这些员工受到充分的激励后,其工作能力的发挥将会大幅提高,甚至可以达到激励前的3～4倍,即其工作能力的80%～90%能够得到发挥[36]。著名的心理学家维克托·弗鲁姆(Victor H. Vroom)在其著作《工作与激励》(Work and Motivation)中提出的"期望理论"被学术界公认为是激励理论研究领域的里程碑。弗鲁姆指出,人们愿意从事某项活动的原因是他们相信该活动能够满足其某一方面的需求。他认为,为了调动员工的积极性,管理者在采取激励措施时要让员工明确:① 通过工作他们能够获得他们需要的东西;② 他们希望获得的东西是同他们的工作绩效联系在一起的;③ 只要努力工作就能使他们的绩效得到提高。

本书将利用激励理论研究电信业供应链的创新激励问题,通过构建创新激励模型来分析电信运营商在新产品合作研发、服务产品定价以及技术创新等方面的激励问题。

2.3 相关研究综述

2.3.1 电信业供应链研究综述

已有的相关文献表明,当前国内外学者对于电信业供应链的研究主要集中在三个方面:一是电信业供应链概念及其特点的研究;二是电信业供应链合作模式的研究;三是电信业供应链定价策略与协调机制的研究。下面分别对这三方面的研究进行分析。

1. 电信业供应链相关概念的研究

现代企业运营管理模式的形成与发展是从供应链模式开始的,随后逐渐过渡到价值链模式。早期的研究者在从供应链的角度对电信产业进行研究时,研究重点主要集中于制造业部分,包括电子产品[38]、电信业基础设施建设[39]、移动终端市场[40,41]等,而对电信业供应链概念进行研究的文献并不多见。

黄逸珺等[42]在对电信产业价值链的结构进行分析后指出,电信产业价值链正朝着纵向和横向两个方向发展,电信产业所处的特殊地位决定了其产业价值链在库存管理和协调机制等方面应区别于传统的制造业供应链。借助于传统的制造业供应链管理的一些思想,他们提出了符合电信产业特点的电信信息产品供应链的基本理论以及管理目标和策略。

曹爱红[20]在分析了电信产业的特点后,从传统的制造业供应链的概念出发,将其映射到电信产业,给出了电信业供应链的概念:"电信业供应链是指以电信运营商为核心由电信运营商、服务(内容)提供商、电信设备制造商等不同企业所组成的一个商业实体,实体的成员之间相互合作,负责一种或多种电信产品(业务)的规划、设计以及服务提供等。"

郑惠莉等[43]认为电信产业供应链是一个价值增值链,该增值链上的主要对象为信息产品。与通常情况下用户从制造业中所获得的产品为实物产品不同,用户从电信产业所获得的主要是服务和信息产品。同实物产品相比,信息产品具有以下三个方面的显著特征:一是其初始固定投资成本巨大而边际生产成本则近乎可以忽略;二是信息产品的生产和用户对信息产品的消费同步进行,没有回购或转包的说法;三是信息产品属于无形的产品,不会产生库存。这表明了电信产业供应链与传统的制造业供应链在诸如库存管理、协调机制等方面有着明显的区别。

丁邯[44]在分析了电信服务供应链的结构特点后指出,客户需求因素、角色数量影响因素和角色协同影响因素是影响电信服务供应链结构的三个重要因素。

尽管目前学术界对电信业供应链的概念还没有一个统一的定义,但有一点是可以肯定的,那就是电信业供应链中信息产品的特点以及电信业供应链的运营模式决定了其与传统的制造业供应链在许多方面有着明显的区别。

2. 电信业供应链合作模式的研究

笔者查阅了相关文献后发现,在电信业供应链合作模式的研究领域,相关研究主要集中在对电信运营商、服务(内容)提供商以及终端设备制造商的合作模式的研究上。概括起来主要有以下三种:围墙花园模式(Walled Garden Models)[45]、管道模式(Pipeline Models)[46]、双渠道模式(Dual Channel Models)[47]。

围墙花园模式是 2G 时代电信运营商和服务提供商的主要合作模式。在该模式下,移动增值服务的提供采用运营商提供业务管理平台并负责计费、服务提供商提供数据内容的方式。在围墙花园模式下,运营商是供应链的主导者,通过为服务提供商代计代收信息费来控制服务提供商行业。中国移动曾经推出的"移动梦网"服务、移动 MOD 平台等都是围墙花园模式的产物[48]。杨进[49]探讨了电信运营商围墙花园模式的不足,在借鉴 Google 的 Web 2.0 模式的优点后,提出了 Telco Web 2.0 模式的概念。Chakravarty[50]对围墙花园模式下运营商采用批发价契约和收益共享契约两种策略下的收益情况进行了比较,其研究表明,在围墙花园模式下,运营商采用收益共享契约可以获得更大的收益。

管道模式是电信业供应链中的又一种合作模式,在该模式下,运营商只向服务提供商提供网络通道,不参与供应链的其他活动。吕昌春[46]指出,管道模式最本质的特征是运营商的用户移动互联网入口被供应链上游的企业抢走。管道模式对服务提供商而言,是一种直销模式。Tsay 和 Agrawal[51]指出,直销渠道能使服务提供商和用户之间建立更加紧密的关系。Yan 和 Pei[52]指出,服务提供商、终端平台提供商的直销渠道有助于降低供应链上的双重边际现象。张毅[53]指出,在移动互联网时代,电信运营商逐渐沦为以流量经营为主的"管道工",他将管道模式下的电信运营商形象地比喻成高速公路的建造者。他同时指出,运营商的首要任务是保证在"高速公路"(管道)上行驶的"汽车"(各种增值服务)的安全性和流畅性,而不是和"汽车生产公司"(服务和内容提供商)去竞争研发"汽车"(增值服务)。

双渠道模式是对于服务提供商、终端平台提供商而言的,是在移动互联网快速发展形势下的一种运营模式。在该模式下,上述两个企业一方面与运营商保持合作,另一方面又自建移动互联网渠道。移动互联网的出现,为服务提供商提供了一个不需要接入运营商的计费平台就可以直接接触到用户的渠道。比如服务提供商一方面可以通过移动互联网渠道为 4G/5G 用户提供移动增值服务,另一方面仍需要通过电信运营商的网络平台为那些 2.5G 用户提供移动增值服务。再加上运营商具有强大的客户服务能力,掌握着海量的用户信息以及其所拥有的专业营销网络,以上因素决定了服务提供商在相当长一段时间内仍然无法完全抛开电信运营商独自为用户提供服务。因此,大多数服务提供商在增加移动互联网服务渠道为用户提供服务的同时,仍然保留着与运营商合作的渠道。这样就出现了电信业供应链的双渠道模式。满青珊等[54]对电信业供应链的双渠道模式及其协调机制进行了研究,分析了双渠道模式下运营商和服务提供商的努力程度对渠道协调性的影响。

3. 电信业供应链定价策略与协调机制的研究

在已有的研究电信业供应链的相关文献中,研究者在研究运营商和服务提供商之间的关系时大都借助了传统的制造业供应链中的收益共享契约(Revenue-Sharing Contract)。在收益共享契约下,用户使用增值服务的费用分为信息服务费和数据业务费两部分,其中数据业务费归运营商所有,信息服务费由运营商收取后再和服务提供商进行分成。运营商和服务提供商各自独立决定数据业务费和信息服务费的定价。

在电信业供应链的研究领域,早期的相关文献大都侧重于定性分析,像电信业供应链及其商业运营模式的分析[55,56]、电信管制政策的制定等[57]都属于这方面的研究内容。随着移动增值服务市场的逐渐繁荣,部分学者开始研究围墙花园模式下电信业供应链的定价策略与供应链的协调问题。

在电信业定价策略方面,Azouzi[58]在假设用户的需求依赖于服务价格与服务质量的前提下,研究了一个由多个电信服务提供商组成的电信业供应链模型,分析了服务提供商的最优定价策略与最优服务质量水平,证明了纳什(Nash)均衡的存在性与唯一性。岳欣等[59]借助于博弈论的分析方法,探讨了电信服务市场中双寡头市场下的三人博弈问题,分析了服务提供商在双寡头市场下的定价策略问题。孙巍等[60]采用实证分析的方法研究了电信业的垄断程度与电信服务价格之间的关系,研究表明,随着电信市场垄断程度的降低,电信的服务价格水平也呈现出下降的趋势,这反映了我国的电信市场从典型的寡占市场向非合作竞争市场转变。Chakravart[50]利用博弈理论研究了由一个移动网络运营商和多个服务提供商组成的移动商务价值链,分析了不同合作机制下移动网络运营商和服务提供商的最优定价策略和收益分配方案。种晓丽等[61]借助于效用理论研究了增值服务产品的定价策略问题。蒋丽丽等[62]构建了用户之间具有正向组内外部性的双边市场模型,分析了组内外部性以及移动增值服务的价格对垄断运营商的定价方式和利润所造成的影响。研究表明,当组内外部性较强时,运营商更倾向于向增值服务提供商收取较高的接入费而向用户收取较低的入网费,运营商总收益较高;当增值服务的价格较高且组内外部性强度较低时,增值服务提供商的接入费较低,用户的入网费则较高,运营商的总收益也较低。佟健[63]构建了垄断竞争情形下的电信业定价模型,通过将呼叫外部性引入该模型,分析了线性定价和非线性定价条件下以及终端网络价格歧视条件下的电信价格竞争策略。

在电信业供应链协调机制研究方面,郑惠莉等[43]以电信产业中的"彩信"业务为研究背景,利用供应链管理领域中的收入共享契约对移动互联网供应链的协调机制进行了研究。研究表明:在一定的市场条件下,通过对收入共享契约中参数的调节,不但可以使供应链的整体利润达到最大,而且可以实现移动互联网供应链的协调。其后,部分学者借鉴了郑惠莉等的研究方法,对电信业供应链的协调问题进行了研究。林家宝等[64]进一步扩展了郑惠莉等构建的模型,同时验证了需求为指数分布情形下的结论。刘国亮等[65]对电信产业中电信运营商与服务提供商的合作商业模式进行了分析,分别研究了电信运营商和服务提供商之间的基于收益共享合同的 Stackelberg 博弈与不对称 Nash 协商博弈模型,比较了两种博弈模型下的信息费定价、收益分成比例、双方利润及供应链整体利润的变化情况。研究表明,不对称 Nash 协商机制能更好地协调移动增值服务链。白秀广[66]受传统供应链协调问题研究的启发,利用合同协调理论与二层规划理论并将两者有机结合,研究了电信业供应链中的电信增值业务供应链的协调问题。Gong 等[67]以中国电信业为背景,研究了电信业供应链中增值服务的定价问题以及价格协调问题。研究表明,在集中决策模式下增值服务的价格会有所下降,利用收益共享契约可以实现电信业供应链的协调。吴军等[68]从电信运营商与 SP 投资合作的角度出发,研究了三种不同合作机制下电信运营商与 SP 的最优决策及电信增值业务服务链的协调问题。戴建华等[69]将电信业供应链中 SP 的个数由 1 推广到 n,并利用 Stackelberg 博弈模型研究了单主多从电信产业价值链模型,研究表明,Stackelberg 模型可以较好地协调电信产业价值链。

移动互联网技术的发展打破了传统的电信业供应链的结构,运营商在供应链中的核心地位进一步动摇。电信业供应链出现了双渠道的运营模式。双渠道模式的出现以及服务提供商之间的竞争使得电信业供应链的有效协作更加难以实现,对电信业供应链的协调提出了更高的要求。满青珊等[47]借助于供应链管理中的研究成果,构建了一个由单个的电信运营商和两个相互竞争的服务提供商组成的电信业供应链模型,研究了如何利用多重单边转移支付机制实现该电信业供应链的协调问题。研究表明,多重单边转移支付机制一方面能够激励各节点企业从全局最优的角度进行决策,另一方面还可以公平分配协调后的系统盈余,能够很好地协调供应链。

2.3.2 电信业供应链研究现状评述

从已有的研究电信业供应链的相关文献可以看出,目前关于电信业供应链的研究主要存在以下问题。

(1) 相关研究大都侧重于定性分析,如对电信业供应链现状的描述、存在问题的分析以及未来发展趋势的预测等,其着眼点大都停留在宏观层面。而对于电信业供应链的定量分析,特别是通过构建合理的数学模型,具体分析电信业供应链中成员间的合作机制,能够将理论与现实问题相结合的研究还十分有限。

(2) 在研究电信业供应链中运营商和服务提供商的合作关系时,多数研究者都是基于收益共享契约来构建模型的,其研究还停留在早期的"围墙花园模式"下。随着移动互联网技术的发展,运营商在电信业供应链中的核心地位进一步削弱,运营商与服务提供商合作的"围墙花园模式"逐渐被打破,新的合作模式如"双渠道模式""管道模式"等开始出现。在新的合作模式下,服务提供商的地位逐渐增强,服务提供商和运营商的关系变得更加微妙和复杂。新的合作模式需要相关理论模型的指导,而目前这方面的研究还十分有限。

(3) 在研究运营商和服务提供商的博弈模型时,多数研究都是建立在非合作博弈的假设基础上,利用合作博弈理论研究电信业供应链的文献还不多见。这其中一个重要的原因在于利用合作博弈理论构建电信业供应链模型时,在模型的求解过程中会遇到一些困难。比如特征函数(Characteristic Function)的构造、核(Core)的求解问题等。但在现实问题中,企业间通过结盟来应对市场变化以提高整体利润已经成为一种市场发展趋势。企业联盟的实现和稳固发展,取决于企业间利益分配的公平性和高效性。利用合作博弈理论研究电信业供应链模型,其结果可以为现实生活中企业的决策行为提供有价值的参考。

2.3.3 创新激励机制研究综述

通过查阅大量的相关文献,笔者发现当前国内外学者对于创新激励机制的研究主要集中在以下几个方面。

1. 影响创新激励的因素分析

李垣[70]分析了影响我国企业自主创新活动的内部因素,包括企业管理者的创新精神、科技人才、企业对员工的激励机制、企业的组织结构、企业的知识产权管理和产权结构等。他进一步指出,企业管理者创新精神不足和高科技人才匮乏是阻碍我国企业实施自主创新的重要因素。吕宏芬[71]认为,企业文化、企业管理者的领导风格、企业员工的学习能力与合作精神、评价机制健全与否等都是影响企业创新能力提升的重要因素。贾生华[72]等以浙江省的民营企业作为研究对象,分析了产品和工艺流程创新、机构融资环境、技术人才资源等对民营企业技术创新的影响。Camarinha等[73]分析了影响企业间协同创新的一些因素后指出,企业间的合作关系与相容水平、产品生产技术的壁垒、企业的激励机制、创新协同平台等是影响企业间协同创新的重要因素。宋慧林[74]指出,酒店外部知识源是酒店创新的重要影响因素之一。范群林等[75]以我国汽车产业为对象,从产品创新和过程创新两个方面实证研究了环境政策、技术进步、市场结构、产业特征对汽车产业环境技术创新的影响。齐旭高等[76]指出供应链产品创新协同效应和产品创新绩效主要会受到企业间合作关系、产品技术、知识壁垒、激励机制完善程度等因素的影响,而企业间创新资源强度、企业间相容水平和协同产品创新平台对供应链产品创新协同效应存在显著影响,但对产品创新绩效影响不显著。

2. 创新激励机制的设计研究

吴冰等[77]以协同创新理论和博弈理论为工具,并将两者进行有机结合,研究了供应链环境下企业协同创新的激励机制设计问题,提出了提高供应链成员协同创新整体效益的激励机制设计策略。钟和平等[78]研究探讨了企业采用新增资源投入和员工搜寻企业冗余资源的组合配置模式下的技术创新激励和资源配置优化问题。杜晓君等[79]研究了纵向结构专利联盟的创新激励问题,研究表明,按照数量比例规则分配专利许可费收入可以有效地激励企业进行创新。Marc等[80]研究了电信产业的监管与创新激励问题。付启敏等[81]从定量分析的角度研究了上下游企业合作创新下的联合投资问题,研究表明,下游企业增加对上游企业的创新投入不但可以激励上游企业进行技术创新,而且能在一定程度上扩大其技术创新的可行性区间。Bhaskaran等[82]指出完善的激励机制可以协调协同产品创新环境下多主体间的利益冲突,提升企业间协同产品创新效果,激励各企业承担更多的创新任务。

3. 电信业供应链创新激励机制研究

在电信业供应链创新激励机制研究方面,杨林[83]指出,中国的电信业是一个具有极大发展潜力的行业,但是其核心竞争力不足,可以通过制订切实可行的创新战略模式与激励手段提升电信企业的核心竞争力。唐任伍等[84]提出了通过企业内部与外部联手的方式共同构建创新激励体系以解决我国电信行业技术创新激励不足的问题。施涛[85]研究了移动增值服务创新激励问题,研究表明,电信运营商的市场监管水平、收费策略以及市场风险程度等会影响服务提供商在移动增值服务创新方面的投入。张先郁[86]研究了基于纵向合作研发的电信信息产品供应链的创新激励问题,研究表明,电信运营商选择优秀的服务提供商进行电信信息产品的合作研发,有利于激励服务提供商的产品创新,提升社会总福利。王晓明等[87]利用价值偏好参数对运营商的目标函数进行了修改,同时增加了服务提供商对机会的选择决策,借助于委托代理理论构建了运营商和服务提供商之间的创新激励模型,并对模型的均衡性质进行了分析。沈焱等[88]以委托代理理论为框架,提出了运营商与服务提供商之间隐形激励与显性激励相结合的电信业务创新激励合同的设计方法。刘国亮等[89]研究了终端定制模式下运营商和终端制造商的合作创新激励问题,求出了不同决策方式下双方的利润分配比例。赵蜀蓉等[90]以委托代理理论为基础研究了在市场达到 Nash 均衡条件下政府对三大电信运营商的创新激励问题,结果表明,三大电信运营商的利润正比于其所占市场份额及其创新努力水平。胡东[91]在研究了移动互联网时代电信运营商的创新策略后指出,实践开放式创新、商业模式创新、友好协同、合理的利润分配机制以及组织结构的优化等是实现电信业务创新的重要策略。朱丽萍[92]在分析了影响我国电信产业技术创新激励因素的基础上研究了我国电信产业在技术创新方面的激励制度建设问题,提出了通过尽快颁布实施《信息通信法》、开展国有产权的改革、建立技术创新标尺竞争制度等方法解决电信产业技术创新激励不足的问题。

2.3.4　创新激励机制研究现状评述

从已有的相关文献可以看出,目前研究创新激励机制的文献多集中在制造业和服务业研究领域,且大都是从宏观层面对创新激励机制的设计及其影响因素进行定性研究,而研究电信服务市场创新激励机制的文献还十分有限。由于电信服务产品是以顾客为导向的知识型产品,因此电信运营商和服务提供商在向用户提供服务的过程中,服务产品创新成为推动市场发展的核心动力。不同于传统的制造业,电信产业所提供的是一种无形的知识型产品,它们不是常规生产程序的固定产物,而是各种创新活动的产物,这一点和有形产品有着显著的区别。因此,创新是电信服务最重要的活动之一,有必要加强创新激励机制在电信服务领域的研究。

2.3.5　网络外部性的相关研究综述

1. 网络外部性的研究

国内外学者对网络外部性进行了深入的研究,其研究重点多集中于产品具有网络外部性特征下的最优定价策略、技术研发策略以及渠道结构的选择问题等[93-97]。比如,卢珂等[98]在网约车平台的市场定价问题中,基于双边市场理论考虑了交叉网络外部性及平台定价与收益的关系。周雄伟等[99]基于网络外部性在产品销售过程中的作用,研究了自身网络外部性和交互网络外部性对差异化产品价格、需求和利润的影响。石纯来等[100]分别建立了存在网络外部性和不存在网络外部性下的双渠道供应链模型,研究了网络外部性对双渠道供应链中信息分享的影响。朱宾欣等[101]研究了网络外部性的大小对三种市场模式下产品的定价、需求、线下商利润以及消费者剩余的影响,并进一步探讨了网络外部性下的服务提供策略。丁一珊等[102]在网络外部性条件下,建立了企业产品创新(提高产品质量)与广告投资(提高产品商誉)关系的最优动态控制模型。易余胤等[103,104]基于网络外部性特征研究了延保服务中的供应链协调问题,以及零售商对利润最大化行为还是收入最大化行为的选择问题,并分析了市场保留价格对零售商行为偏好演化稳定性的影响。刘晓婧等[105-107]则基于网络外部性环境,从多个视角分析了链与链间的纵向结构选择。刘维奇和张苏[108]研究了网络外部性大小对双边平台选择纵向兼并还是横向兼并的影响问题。吴绪亮等[109]通过构建具有横向差异化的多平台两阶段霍特林竞争模型,考察了网络外部性对平台定价策略的影响。

2. 网络外部性条件下的电信业供应链研究

张旭梅和官子力[110]等人针对手机制造商和电信运营商合作推出合约手机的产品服务联合定价与协调问题,考虑电信服务具有的网络外部性的特征,研究了供应链中的定价决策问题,并且构建了合约手机的需求函数以及双方的利润函数。王晓明等[111]基于消费者效用理论,在网络外部性条件下构建了需求函数,当电信供应链由电信运营商和服务提供商构成时,分析了不同博弈结构下系统各节点的利润情况,在不同决策均衡情形下得出相关因素对电信业供应链的影响。Hurkens等[112]基于电信业寡头市场中通信服务的相互联通问题,研究了消费者预期不同市场规模的情况下,网络外部性特征对节点企业的定价决策与市场竞争的影响。种晓丽等[61]研究了网络外部性对移动服务消费者效用的影响,分析了在多方竞争情形下三大电信运营商的服务定价策略。

2.3.6 网络外部性的相关研究评述

从已有的相关文献可以看出,目前将网络外部性考虑到电信业供应链中进行研究的文献还不是很多。鲜有学者在研究电信业供应链的协调契约问题时从不考虑网络外部性到考虑网络外部性的变化过程中是否仍然适用,也鲜有学者研究网络外部性条件下考虑电信业供应链企业的销售努力水平问题。

第 3 章 电信业供应链的发展现状及其问题分析

本章主要介绍电信业供应链的发展现状及存在的主要问题,其目的是为本书后面几章研究工作的开展提供基础性知识。主要从三个方面展开分析:首先分析电信产业及其产品的特性;其次回顾电信业供应链的形成与发展历史,并对当前的电信业供应链呈现出的特点进行分析;再次对当前的电信产业存在的主要问题进行分析。

3.1 电信产业及其产品特性分析

3.1.1 电信产业的特性

关于电信产业的特性问题,已经有不少文献对其进行了详细的论述[113-118]。可以将电信产业的特性概括为以下几种:自然垄断性、规模经济性、网络外部性、普遍服务性、产业关联性、投资沉淀成本等。下面选择几个与本书的研究内容相关的特性进行分析。

1. 自然垄断性

垄断(Monopoly)也叫独占,是一个经济学术语,其定义有很多,本书以《中华人民共和国反垄断法》中关于垄断行为的表述为参考给出其定义:"垄断行为是指排除、限制竞争以及可能排除、限制竞争的行为。"[119]自然垄断性又称自然寡头垄断,它是在市场存在资源稀缺、规模经济效益和范围经济效益的情况下,提供某种单一物品或服务的一个或多个联合企业能以极高的概率形成一家公司(垄断)或极少数公司(寡头垄断)的现象。

传统上,电信产业存在着"投资沉淀"和规模经济效益的特性。一方面,电信业前期投资成本巨大且很难在短期内收回投资成本,这阻止了多数投资者快速进入该行业的步伐;另一方面,其生产函数一般具有规模报酬递增性质,即生产规模越大,单位产品的成本就越小[120]。因此,电信业被认为是一种自然垄断产业。但在当下,电信产业的自然垄断性正在逐渐丧失[121]。

2. 关联性

产业关联的含义是指各产业之间广泛存在于经济活动中的既复杂又密切的技术经济联系。产业关联通常可以分为前向关联与后向关联两类。赫希曼在其著作《经济发展的战略》中对前向关联与后向关联给出了一个形象的解释。对于石油开采业而言,其与炼油业的关联属于前向关联,而炼油业与石油开采业的关联则属于后向关联[122]。

早期的电信产业,价值链的结构比较简单,且其提供的服务较为单一,价值链的各成员间关联性不强。随着通信技术的发展以及网络的普及,特别是移动互联网技术的不断进步,电信产业价值链的成员间关联性逐渐增强,价值链的结构也随之发生了深刻的变化。当前的电信产业价值链正向横向和纵向两个方向同时发展,其结构也由传统的链式结构发展为现在的网状结构。在这种网状结构下,运营商、设备供应商、服务(内容)提供商、终端制造商等都成为了价值链的主体,且各主体之间的联系更加紧密。以手机游戏服务为例,游戏开发公司将其开发的手机游戏提供给服务提供商,服务提供商在对游戏进行整合后再通过运营商的网络平台以及移动互联网渠道向用户推送游戏服务。为了增加用户的体验价值,终端制造商通过技术改进不断提高终端的性能,从而使游戏在移动终端上运行得更加流畅。正是这些价值链成员间的紧密合作,形成了电信产业的前向和后向关联性,并进一步促进了电信产业的繁荣。

3. 网络外部性

网络外部性(Network Externality)这一概念最早是由Rohlfs[123]提出的,其含义是指当某种产品的使用者数量增多时该产品对用户的价值也会增加,则称这种产品具备网络外部性的特征。Katz和Shapiro[124]给网络外部性下的定义是"随着使用同一产品或服务的消费者数量改变,每个消费者从消费该产品或服务中所得到的效用的改变"。根据他们的观点,网络外部性可以分为直接网络外部性和间接网络外部性[125]。

电信市场是典型的网络外部性市场,因此电信产业具有网络外部性特征。在电信产业中,如果某个新用户选择了一种电信产品或服务,在该用户获得相应效用的同时,其他用户的效用也会因为该用户的选择而有所增加,即该用户的加入可使网络中的其他用户能够和越来越多的用户进行联系,从而进一步扩展了电信网络的规模,用户能够获得的效用也随之增大。更为重要的一点是,网络中原有的用户不需要为这些额外增加的收益支付任何费用。电信市场同样存在着直接的网络外部性和间接的网络外部性。以即时通信应用"微信"为例,如果网络中只有一个用户使用"微信"这种服务,则对于使用"微信"服务的这个用户而言是没有任何效用的,但是随着使用"微信"用户的增加,该用户所获得的效用也在增加,这就是直接的网络外部性。同样地,作为一种即时通信服务,"微信"用户的增加使得用户在即时通信方面有了更多的选择,这在一定程度上促使运营商降低话费的价格,这就是间接的网络外部性。

3.1.2 电信产品的特性

电信企业向社会提供的不是通常意义上的商品,而是一种无形的电信服务,它不牵涉到商品转移。作为一种服务产品,电信产品具有如下特点。

1. 无形性

无形性是电信服务产品同制造业产品的显著区别之一,作为一种无形的服务,电信服务产品的流通是通过信息的空间变化体现出来的。

2. 生产与消费在时间上的等一性

传统制造业产品的生产过程与消费过程是分离的,即其生产、流通和消费非同步。而电信产品的生产与消费是同时发生的,两者同时开始同时结束,且其何时结束完全取决于用户。

3. 产品的多维度性

传统制造业的产品是一维的,其产品质量及生产过程完全由制造商来决定。而电信产品对用户而言则是二维的,用户所享受的服务通常由运营商或服务提供商提供,但这种服务需要借助于一定的终端载体(手机、平板电脑等)才能实现。因此,要为用户提供好的电信服务,需要运营商、服务提供商以及终端制造商的通力合作才能完成[123]。

4. 相互替代性

电信服务产品具有很强的相互替代性。用户可以采用不同的方式达到传递信息的目的,随着各种即时通信服务(如腾讯 QQ、腾讯微信等)的不断推出,这种相互替代性更加突出。

3.2 电信业供应链的形成与发展

3.2.1 传统电信业供应链的结构特点

早期的电信业供应链以话音业务为核心,电信运营商提供所有的电信服务,同时独自享有所有的收益。这一时期的电信业供应链的一个显著特点是其所呈现出的线性结构。供应链的成员主要包含网络设备供应商、系统集成商、基础电信运营商、终端设备提供商以及用户。图 3-1 给出了早期的电信业供应链结构。

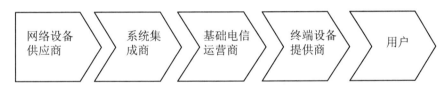

图 3-1 传统的电信业供应链结构

(资料来源:Zhong Wei (2013)[126])

传统的电信业供应链呈现出以下特点:首先是垄断,由于电信业供应链的参与者和中间环节都比较少,再加上电信行业的准入门槛较高,从而导致了电信业供应链的封闭性和高垄断性;其次是单一的线性结构,电信业供应链的成员间联系较为简单,成员间呈现出一种上下游的垂直关系;最后是其技术导向性,传统的电信服务市场是典型的卖方市场,技术进步对电信业发展的影响远大于市场导向对电信业发展的影响。

3.2.2 新的市场环境下电信业供应链的结构特点

随着移动互联网技术的发展以及移动网络功能的增强,移动数据业务正在加速扩散,电信运营商逐渐参与到内容制作和移动增值服务提供的业务中来,这使得电信业供应链朝着多维互动的方向发展。在此基础上,传统的电信业供应链中运营商的领导地位也面临着严峻的挑战,电信业供应链的结构变得更加复杂。在移动互联网时代,电信业供应链的结构发生了显著的变化,一个最突出的特点就是供应链由单一的线性结构向网状结构演化。电信业供应链上下游各环节相互渗透,界限也日益模糊。电信运营商与相关行业之间的关系进一步增强,电信业供应链也变得更加动态和开放。图 3-2 给出了移动互联网时代电信业供应链的网状结构。

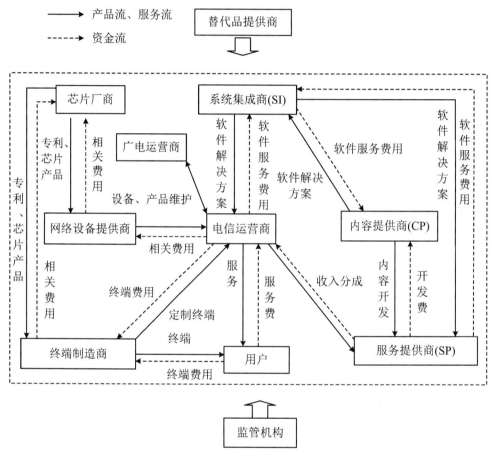

图 3-2　移动互联网时代电信业供应链的网状结构图

(资料来源:罗剑锋(2013)[127])

在呈现网状结构的电信业供应链中,电信运营商已然成为服务提供商与用户之间的连接平台,供应链呈现出显著的双边市场特性[127]。网状结构下的电信业供应链的参与主体更加丰富,概括起来可以分为服务(内容)提供商、软硬件设备提供商、电信运营商、监管机构、用户等。

1. 电信运营商

电信运营商居于整个电信业供应链的中央位置,作为网络设备制造商、终端制造商、内容与服务提供商的重要客户,电信运营商一方面负责通信系统的运营和维护,另一方面为用户提供先进的移动通信业务和互联网接入服务。目前我国的基础电信运营商有中国移动、中国联通和中国电信三家,它们之间是竞争对手关系。

2. 广电运营商

广电运营商是广播电视运营商的简称。随着"三网融合"进程的推进,广播电视网、通信网和互联网将融合为一体,这为广电运营商介入互联网业务和电信业务提供了契机,同时也给电信运营商带来了挑战。

3. 终端制造商

终端制造商主要指移动通信设备制造商,作为连接运营商和用户的中间环节,终端制造商主要负责为用户或者运营商提供集通信、娱乐、记事、支付以及个人 ID 等于一身的移动终端设备。在 4G/5G 时代,终端制造商仅提供各种标准的移动终端是不够的,还需要根据运营商的要求开展终端定制业务。终端提供厂商方面,国外厂商主要有 NOKIA、APPLE、LG、SAMSUNG 等,国内厂商主要有华为、中兴、联想、小米等。

4. 系统集成商

作为运营商和服务(内容)提供商的软件平台及服务方案的提供者,系统集成商通过为其合作伙伴提供软件解决方案来维持整个供应链的保障体系。它在电信业供应链中属于较上游的环节,是运营商的非对称合作企业主体。移动互联网时代,大的系统集成商有 CISCO、IBM、MOTORO-LA、SAP、ACCENTURE、亚信、华为等。一些小系统集成商凭借其自身灵活、方便、便于定制、价格低廉等优势,同样可以瞄准特定市场领域进而占据。

5. 内容提供商与服务提供商

内容提供商(CP)是一些掌握一定的专业知识的基础信息者,像媒体、唱片公司等都属于内容提供商。其主要通过互联网等方式向用户提供包括影视、电子出版物、数字化音乐、网络游戏以及其他数字产品等有偿信息内容。内容提供商在电信业供应链中处于电信运营商和服务提供商之间。服务提供商(SP)是指那些通过电信运营商提供应用服务、移动互联网服务等内容给用户的企业,有时候也特指电信增值服务提供商,其根据用户的要求开发并提供适合于手机用户的电信增值服务。在电信业供应链中,服务提供商处于运营商的上游,它通常并不参与网络的运营,而只是借助电信运营商的网络平台向用户提供信息业务、多媒体信息服务的二次开发和包装等服务。服务提供商通过和电信运营商的收入分成来盈利。值得关注的一点是众多 SP 都或多或少涉足 CP 产业，SP 和 CP 在实际上的区别并不明显。

6. 芯片厂商

芯片厂商是指那些既为网络设备制造商和终端制造商提供服务，又通过授权专利以及出售核心芯片来盈利的企业。由于掌握芯片的核心技术，芯片厂商往往拥有强大的增值能力，并在电信业供应链中处于上游环节，是电信运营商的非对称合作企业主体。

7. 网络设备提供商

网络设备提供商是指那些为基础电信运营商提供网络设备以及各种后续维护服务和网络建设工程服务的厂商。网络设备提供商是电信业供应链中电信技术进步的"助推器"，它在推动着网络技术进步的同时还超前地影响着市场的需求和选择。网络设备提供商在电信业供应链中是电信运营商的上游，同时也是芯片制造商的下游。目前我国的互联网市场中网络设备提供商的典型代表包括 NOKIA、Alcatel、Motorola、TP-Link、华为、中兴等。

8. 用户

用户位于电信业供应链的末端，同时也是最重要的一个环节。电信产业不可能离开用户，失去了用户，整个电信业供应链就失去了利润的来源，供应链也就失去了存在的意义。从某种意义上讲，用户才是电信业供应链的真正核心，其上游环节包括电信运营商和终端制造商。用户从终端制造商处获得承载各类电信服务的终端产品，并借助于终端产品从电信运营商处获得通信服务以及各种增值服务。在当前的电信市场，运营商通常会根据用户的特点将其分为个人用户、专业用户和集团用户。在运营商的用户群体中，个人用户所占的比例最大，电信运营商的所有大众化服务都是以个人用户为中心开展的。专业用户主要指那些具有特殊需求的用户群体，如那些希望获取证券交易信息或者行业信息的用户等。集团用户主要是一些规模较大，对信息通信需求强烈且要求较高的企业，如金融、物流、能源、铁路等。

9. 监管机构

监管机构在电信业供应链中一方面担负着为供应链各成员之间搭建公平竞争平台的任务，另一方面也担负着维持电信市场秩序和企业发展宏观指导的任务。

工业和信息化部以及其领导的各省、自治区、直辖市的通信管理局是我国电信产业的监管机构。

10. 替代品提供商

随着电信行业的飞速变革和科学技术水平的不断进步,电信运营商的替代企业也不断涌现并迅速发展起来。替代品提供商并不属于电信业供应链的某个环节,但可以提供对电信业供应链中某些环节的企业产品或服务产生替代效应的产品或服务,从而对电信业供应链的演变产生催化作用。如各类互联网语音聊天室、各种网上免费电话等都可以看成是电信运营商的话音业务替代品。

3.3 我国电信业供应链的发展问题分析

通过前面的分析可以看出,随着移动互联网技术的不断进步,当前的电信产业所面临的市场环境发生了深刻的变化。市场环境的变化给我国电信业供应链的发展带来了新的问题,以下结合本书的主要研究内容对这些问题加以分析。

1. 电信业供应链主体间的关系更加复杂,成员间的竞合关系多元化

在新的市场环境下,电信业供应链的结构变得更加复杂和开放。在传统的电信业供应链中处于主导核心地位的运营商,其对用户和供应链其他主体的控制能力也在逐渐下降。供应链的各主体不再满足于传统的企业定位,纷纷拓展其业务范围,向供应链上下游进军。以苹果公司为代表的终端制造商所推出的"终端+应用"的一体化商业模式,已经成功实现对用户的控制,如苹果公司推出的"APP Store"应用平台便是一个例子。联想公司也提出了"硬件+软件+服务"三位一体的业务模式,致力于从手机操作系统、服务提供到终端的全面发展。在新的市场环境下,运营商同原有的合作伙伴之间的关系由单纯的合作关系逐渐演变成既合作又竞争的关系,多元化的合作竞争成为当前我国电信业供应链的现状。

2. 运营商取消终端补贴,转向软件服务增值

终端定制是当前的电信市场运营商采取的一个重要的营销策略,早在2G时代,一些发达国家如日本、韩国以及欧洲一些国家的运营商就已经开始尝试终端定制的营销策略。通过与一些品牌终端制造商合作,专门生产针对运营商特有网络的终端产品,各运营商吸引了大量的客户,开拓了广阔的市场。日本的

NTTDOCOMO 公司、韩国的 SKT 公司以及欧洲的 VODAFONE 公司在这方面都取得了辉煌的成绩。在中国,中国移动、中国联通以及中国电信在终端定制方面也取得了不错的成绩,如中国移动早期推出的"心机"、音乐手机等业务从不同层面和不同角度满足了客户的需求,拓展了其"移动梦网"商业模式。

为了占领更多的电信市场份额同时留住那些已入网的客户,各运营商在采取终端定制策略的同时纷纷推出了终端价格补贴的优惠措施。即运营商与终端制造商合作,以较低的价格向用户出售移动终端,同时运营商支付给终端制造商一定的价格补贴。在终端补贴措施推出的初期,确实在运营商占领市场份额实现业务增长方面起到了积极的作用。然而,随着时间的推移,运营商却越来越受累于这种终端补贴策略。与此同时,随着用户对终端软件服务需求的增强以及用户心态的日趋理性化,终端补贴对用户的吸引力也在不断下降,甚至连苹果、三星等明星品牌公司的召唤力也大不如从前。在这种情况下,运营商不得不取消了终端补贴。

终端补贴政策取消后,为了能够留住更多的客户,运营商需改变其营销策略,另辟蹊径。一方面,运营商应鼓励终端制造商增加技术投资,研发出满足用户个性化需求的终端产品。另一方面,运营商应与各软件开发商以及服务提供商进行合作,为用户提供丰富的软件和增值服务。要实现运营商与终端制造商、服务提供商之间的通力合作,运营商需要采取一定的策略去改变以往的分散决策模式,实现电信业供应链的协调。

3. 电信业务资费定价放开,运营商流量经营面临困境

早在 2014 年 5 月 9 日,中华人民共和国工业和信息化部(简称工信部)、中华人民共和国国家发展和改革委员会就联合下发通知,决定放开各类电信业务资费的定价权限,各运营商可以根据市场形势和用户的需求自主制定各类电信业务的定价方案。这一举措进一步显示了政府将电信业市场化的决心。电信业的进一步市场化,再加上众多虚拟运营商纷纷加入电信市场,导致了我国电信市场自由竞争格局的出现和电信业务资费的下降,这其中就包括流量资费的下降。公开数据显示,在 2017 年年初,我国的手机流量平均资费超过了 35 元/GB,但到了 2019 年第四季度已经降至 5 元/GB,到了 2020 年 5 月价格更是直逼 4 元/GB。流量资费的快速下降导致流量经营已经很难再支撑运营商持续快速增长,从最近几年运营商的财务快报来看,收入增长率持续下降甚至变为负增长,流量经营陷入困境。

4. 分散决策导致渠道效率低下,供应链的协调难以实现

移动互联网的开放性打破了传统的以运营商为主导和核心的电信业供应链结构,同时也改变了移动增值服务的运营模式。由于移动互联网技术的飞速发展,电

信业供应链成员间的角色也在发生着变化。移动互联网的开放性导致了服务提供商对电信运营商的依赖程度有所下降，服务提供商与电信运营商的合作模式由传统的围墙花园模式逐渐向双渠道模式和管道模式转变。合作模式的转变，造成了电信业供应链成员间的利益冲突。同时，随着运营商对移动增值服务市场的涉入，服务提供商与运营商之间的关系由传统的合作关系转变为竞争与合作并存的关系，这一转变又导致了成员间的运营冲突，具体表现在成员间在移动增值服务产品的定价与营销策略选择上的不一致。电信业供应链成员间利益冲突的存在，直接导致了供应链效率的低下以及双重边际问题的产生。因此，如何构建新的合作机制以化解供应链成员间的利益冲突，实现供应链的协调，成为了摆在各运营商面前的一个难题。

5. 缺乏合理的激励机制，电信信息产品创新有待提高

早在 2014 年，时任中国移动董事长的王建宙先生就在全国两会上提交了一个提案，建议国家加大力度鼓励我国的信息产品创新。王建宙先生通过几个例子说明了我国在信息产品创新方面存在的不足，以手机制造业为例，全球各大知名品牌的手机制造商如苹果、三星等都在中国开设有手机加工厂，但中国所提供的只是廉价的劳动力，而生产手机的核心技术仍然掌握在国外公司手中。最近几年，尽管出现了像小米、华为这样的本土企业，但其技术创新能力和国外仍有一定的差距。在软件应用方面，我国的创新能力也很不足，曾经风靡全球的诸如"愤怒的小鸟""植物大战僵尸""水果忍者"等网络游戏无一出自中国。

导致我国电信业创新不足的因素有很多，一方面是缺乏必要的创新环境，再加上当前的技术创新机制不够灵活，知识产权保护机制不完善，从而遏制了企业的创新动力。另一方面，由于信息产品具有很高的技术含量和较强的创新创意，且开发成本高，市场前景具有很强的不确定性，这些因素决定了信息产品的研发和推广很难由供应链中的单一成员完成，需要成员间的协同合作，共同研发。如何构建合理的创新激励机制，激发企业的创新热情，成为当前的中国电信业面临的又一个难题。

第4章 基于终端定制的电信业供应链协调模型

随着移动互联网技术的快速发展,用户对手机终端的要求不再仅仅是通话功能,对手机终端的娱乐功能以及用户体验方面也提出了更高的要求。在很多时候,运营商推出的各种电信服务会由于用户手机功能的限制而无法得到推广,比如用户要使用运营商的5G服务,则需要使用支持5G服务的专用手机。为了推广新业务,运营商需要和手机终端制造商紧密合作,生产出既能满足用户的个性化需求,又有利于运营商的新业务推广的手机终端。手机终端定制可以很好地解决这一问题。本章将研究基于终端定制的电信业供应链协调问题。首先介绍运营商与终端制造商之间的终端定制合作模式;其次研究一个终端定制情形下电信业供应链的合作博弈模型,就不同合作模式下供应链成员间的利润进行对比分析,利用Shapley值法解决合作博弈下成员间的利润分配及供应链的协调问题;最后研究考虑终端设备制造商改进技术水平增加用户需求时的供应链协调问题。

4.1 运营商与终端制造商的合作模式分析

目前,很多发达国家的运营商大都采用与终端制造商合作,通过定制终端的方式来销售终端产品和推广电信业务。在我国,电信市场的三大运营商也纷纷走上终端定制的道路[128]。由于不同的运营商所面临的市场环境、客户资源以及技术标准也各不相同,当前的电信市场存在着各式各样的终端定制模式。下面就国内外电信运营商和终端制造商在终端定制方面的合作模式进行对比分析。

4.1.1 国外运营商的终端定制模式

在日本,作为全球最具影响力的电信运营商之一的NTT DoCoMo公司,一方面控制了各内容提供商提供的各类服务及应用,另一方面在与终端制造商合作定制终端时,要求终端制造商严格按照其要求生产终端产品。其终端定制由早期的软硬件方面的定制扩展到芯片的定制,属于一种完全定制的模式。这种定制模式将用户的手机与其使用的业务绑定在一起,突出了运营商的品牌特点[129]。

在韩国,作为该国最大的电信运营商的 SKT(SKTeletech)公司,在很早的时候就意识到终端设备对电信业务运营的重要性,并在 1998 年成立了专门的手机生产企业 SKT 公司。在手机定制方面,SKT 公司通过调查了解用户的使用习惯,并结合电信服务的特点,对手机的设计提出合理化建议。该公司还重视与其他手机生产厂商的合作,与十几家生产厂商合作推出了近 300 款的 3G 定制手机[130]。此外,该公司还与三星公司合作,向用户推出了用于小额支付的定制手机。

在美国,著名的电信运营商 AT&T 公司早期和美国著名的手机、平板电脑生产商苹果公司独家合作,为用户推出"IPhone"系列手机。2014 年又和亚马逊公司合作推出新款手机"Fire Phone"[131]。

在英国,著名的电信运营商沃达丰(Vodafone)公司也通过与终端制造商合作的方式为用户提供定制手机,并为用户提供一定比例的购机补贴。

由以上介绍可以看出,国外的运营商都十分重视和终端制造商的合作,通过终端定制推广自己的品牌,吸引更多的用户加入自己的网络。表 4.1 给出了国外的运营商和终端制造商比较常见的合作模式。

表 4-1 国外主要的终端定制模式[128]

合作模式	定制方式	代表企业
终端定制+补贴	运营商向购买定制手机的用户提供话费补贴或将从手机制造商处购买的手机低价销售给用户,同时向手机制造商提供一定的低价补贴	AT&T Vodafone
合作研发	运营商联合手机制造商通过市场调研了解用户的需求,根据用户的需求生产手机	SKT
客户细分	将市场细分,针对不同的用户群体推出满足各层次需求的手机终端和电信业务	NTT DoCoMo
完全定制	运营商处于主导地位,从手机终端的设计、生产、销售到品牌推广都由运营商负责完成	NTT DoCoMo

4.1.2 国内运营商的终端定制模式

国内运营商推出终端定制业务的时间较国外要晚一些。中国联通于 2002 年推出的 CDMA 定制手机,是国内运营商推行终端定制业务的开始。2004 年,中国移动在"世界电信日"到来之际向用户推出一款定制手机——"心机",该款手机内置了多种"移动梦网"的新业务,能够满足不同层面的客户需求。中国移动的这种终端定制模式开启了国内终端定制+应用推广模式的先河,这种以终端、服务和应用为一体的定制模式在推动数据业务方面起到了积极的作用。之后,中国移动的两个竞争对手中国联通和中国电信也各自和终端制造商合作,相继推出了带有自己品牌特色的终端定制产品。

随着终端定制业务的推广,国内运营商的终端定制模式由最初的浅度定制逐渐向中度定制乃至深度定制转变,其定制机型范围也在逐渐扩大。为了扩大业务范围,各运营商在推出终端定制业务时普遍采用的营销策略是手机价格补贴。这种通过手机价格补贴来推广终端定制业务的模式,在刚开始推出时确实在扩大运营商市场规模方面起到了积极的作用。但高额的手机价格补贴费用让运营商们已经不堪重负,近年来,运营商不得不逐渐取消终端补贴。随着 4G 技术的普及以及 5G 技术的不断推广,电信市场急需一种新的终端定制模式。

表 4-2 给出了国内外运营商在终端定制方面的对比分析。

表 4-2 国内外运营商终端定制模式对比分析[129]

	终端厂商的数量、规模	与终端厂商的合作模式	补贴政策与资费标准
国外	包含国际各大品牌终端厂商,数量众多,规模庞大	强大客户细分、完全定制、深度定制	逐步取消购机补贴改为资费补贴;资费合同种类多,优惠幅度大
国内	选择合作的企业以国内企业居多,规模相对较小	以终端采购的定制模式为主,属浅度定制或中度定制	通过终端补贴和签订合同的方式捆绑用户;资费不透明,套餐设计缺乏人性化

4.2 终端定制模式下的电信业供应链协调模型

4.2.1 模型应用背景分析

随着数据业务市场的繁荣和各种移动增值服务的推出,用户对移动终端的需求早已不再局限于其通话功能,而是移动终端所包含的丰富多彩的应用。因此,运营商应该联合终端制造商以及具有创新能力的服务提供商进行合作,通过对数据业务的开发与整合,不断推出能够满足不同用户需求的丰富多彩的增值服务。事实上,一些终端制造商、运营商和服务提供商之间正在进行这方面的合作。以苹果公司与电信运营商的合作为例,苹果公司将其生产的 iPhone 系列手机通过运营商销售给用户,同时一些游戏开发者会开发一些面向 iPhone 手机的游戏供用户下载使用,如曾经风靡一时的游戏"愤怒的小鸟"最早就是基于苹果公司的 ios 操作系统而开发的。

供应链成员的增加导致成员间的关系更加复杂,成员间选择合作与否会对节点企业、供应链整体的利润以及供应链的协调产生重要影响。要实现终端制造商、运营商、服务提供商的通力合作,通过各方的努力达到供应链整体利润的最大化和供应链的协调,需要构建合理的利润分配机制。

目前从定量角度对这一问题进行研究的文献还不多见,已有的研究大都局限于运营商和终端制造商之间的利润分配问题[136]或运营商和服务提供商之间的利润分配问题[137,138],其所构建的模型也都是非合作博弈模型。鲜有文献将运营商、终端制造商和服务提供商同时考虑进一个模型进行研究。基于此,本章研究一个由终端制造商、运营商、服务提供商组成的电信业供应链合作博弈模型,以弥补当前研究的不足,同时为现实电信业供应链成员的合作决策与利润分配提供参考依据。

4.2.2 模型假设与符号说明

考虑一个由单一的移动设备制造商(M)、单一的移动网络运营商(N)和单一的服务提供商(S)组成的电信业供应链。M 以某一批发价格向 N 提供移动设备,N 将移动设备出售给用户,同时为用户提供网络接入服务。S 针对 N 所面临的消费群体开发出某一增值服务,并通过 N 的网络平台将这一增值服务提供给用户。假设 S 和 N 依照收益共享契约来确定利润分配。使用增值服务的用户需要向 N 支付通信费,并向 S 支付信息服务费。用户支付的信息服务费由 N 代收后以一定的比例返还给 S。如图 4-1 所示。

本节中所涉及的主要符号说明如下:

w:终端制造商向运营商提供移动设备时的单位批发价格;

p_0:运营商向用户提供移动设备以及网络接入服务时用户每个使用周期内(通常按月计算)需向运营商支付的费用;

p_1:用户使用增值服务时每个使用周期内需向运营商支付的通信费;

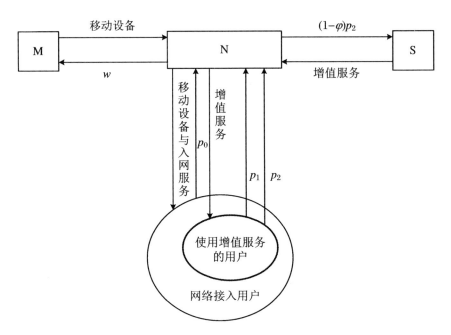

图 4-1　M、N 与 S 之间的关系图

p_2：用户使用增值服务时每个使用周期内需向服务提供商支付的信息服务费；

p_3：用户使用增值服务时每个使用周期内需支付的总费用，$p_3 = p_1 + p_2$；

φ：运营商从服务提供商的信息服务费中获得的分成比例（$0 < \varphi < 1$，为一常数）；

c_0：终端制造商生产单位移动设备的成本；

c_1：运营商建设移动网络的固定投资；

c_2：服务提供商开发增值服务的固定投资。

同时假设：

(1) 本章所涉及的供应链中各成员的利润是指一个使用周期内的利润；

(2) 运营商所面临的市场需求 D_1 是 p_0 的线性函数，$D_1 = a - p_0$ [137]，其中 a 表示的是市场规模；

(3) 服务提供商所面临的市场需求 $D_2 = D_1 - (p_1 + p_2) = a - (p_0 + p_1 + p_2)$；

(4) 为便于讨论，这里仅考虑运营商和服务提供商的固定投资成本，不考虑提供增值服务时的可变成本。

4.2.3　联盟博弈模型的构建

在构建联盟博弈模型时，关键的一点是要确定模型的特征函数 v。借助文献

[132,133]中的讨论方法,定义各联盟的利润函数为其特征函数。在该电信业供应链模型中,各成员间的合作方式可以分为三种类型:各成员间互不结盟、部分成员结成小联盟、全体成员结成大联盟。下面求解不同合作方式下各联盟的特征函数。

1. 成员间互不结盟情形

在该模式下,M、N 和 S 是相互独立的,未形成任何小联盟,各成员均以自身利润的最大化作为决策目标,其中 M 的决策变量为 w,N 的决策变量为 p_0 和 p_1,S 的决策变量为 p_2。各成员的特征函数为

$$v(M) = \max_{w>c_0}\pi_0 = \max_{w>c_0}[(w-c_0)(a-p_0)] \tag{4-1}$$

$$v(N) = \max_{p_0,p_1}\pi_1 = \max_{p_0,p_1}[(p_0-w)(a-p_0) + (p_1+\varphi p_2) \cdot (a-p_0-p_1-p_2) - c_1] \tag{4-2}$$

$$v(S) = \max_{p_2}\pi_2 = \max_{p_2}[(1-\varphi)p_2(a-p_0-p_1-p_2) - c_2] \tag{4-3}$$

在非合作博弈的模式下,假设 M 和 N 之间以及 N 和 S 之间遵从的都是 Stackelberg 博弈。其中在 M 和 N 的博弈中,M 处于主导地位,N 处于从属地位;在 N 和 S 的博弈中,N 处于主导地位,S 处于从属地位。博弈顺序为首先 N 和 S 进行博弈,确定 p_0、p_1 和 p_2 的最优取值,随后 M 根据 p_0 的取值情况来确定 w 的最优取值。假设 p_0、p_1、p_2 和 w 的最优取值分别为 p_0^*、p_1^*、p_2^* 和 w^*,利用逆推法进行求解可得

$$\frac{\mathrm{d}\pi_2}{\mathrm{d}p_2} = (1-\varphi)(a-p_0-p_1-2p_2) \tag{4-4}$$

利用式(4-4)的一阶条件可以求出

$$p_2^* = \frac{1}{2}(a-p_0-p_1) \tag{4-5}$$

将 p_2^* 代入式(4-2)可得

$$\pi_1 = (a-p_0)(p_0-w) + \frac{1}{4}(a-p_0-p_1)[a\varphi + 2p_1 - \varphi(p_0+p_1)] \tag{4-6}$$

$$\frac{\partial \pi_1}{\partial p_0} = a + w - \frac{1}{2}\varphi(a-p_0) - 2p_0 - (1-\varphi)p_1 \tag{4-7}$$

$$\frac{\partial \pi_1}{\partial p_1} = \frac{1}{2}(1-\varphi)(a-p_0-p_1) - \frac{1}{2}p_1 \tag{4-8}$$

由式(4-7)、式(4-8)确定的一阶条件可以求得

$$p_1^* = \frac{2(a-w)(1-\varphi)}{7-4\varphi} \tag{4-9}$$

$$p_0^* = \frac{3a + 4w - 2\varphi(a-w)}{7-4\varphi} \tag{4-10}$$

π_1 的海塞矩阵为

$$H = \begin{bmatrix} \dfrac{\partial^2 \pi_1}{\partial p_0^2} & \dfrac{\partial^2 \pi_1}{\partial p_0 \partial p_1} \\ \dfrac{\partial^2 \pi_1}{\partial p_1 \partial p_0} & \dfrac{\partial^2 \pi_1}{\partial p_1^2} \end{bmatrix} = \begin{bmatrix} -\dfrac{1}{2}(4-\varphi) & -\dfrac{1}{2}(1-\varphi) \\ -\dfrac{1}{2}(1-\varphi) & -\dfrac{1}{2}(2-\varphi) \end{bmatrix}$$

$$\Delta_1 = -\frac{1}{2}(4-\varphi) < 0$$

$$\Delta_2 = \frac{1}{4}(4-\varphi)(2-\varphi) - \frac{1}{4}(1-\varphi)^2 = \frac{7}{4} - \varphi > 0$$

这说明 H 为负定矩阵,从而对于任意的 w,(p_0^*, p_1^*) 为 π_1 的极大值点。

将式(4-10)代入式(4-1)可以求得

$$w^* = \frac{1}{2}(a + c_0) \tag{4-11}$$

经过适当的整理可得

$$\begin{cases} w^* = \dfrac{1}{2}(a + c_0) \\ p_0^* = \dfrac{5a + 2c_0 - (3a + c_0)\varphi}{7 - 4\varphi} \\ p_2^* = \dfrac{a - c_0}{2(7 - 4\varphi)} \\ p_1^* = \dfrac{(a - c_0)(1 - \varphi)}{7 - 4\varphi} \end{cases} \tag{4-12}$$

将式(4-12)分别代入式(4-1)、式(4-2)、式(4-3)可以得到

$$v(\mathrm{M}) = \frac{(2-\varphi)(a-c)^2}{2(7-4\varphi)} \tag{4-13}$$

$$v(\mathrm{N}) = \frac{(2-\varphi)(a-c_0)^2}{4(7-4\varphi)} - c_1 \tag{4-14}$$

$$v(\mathrm{S}) = \frac{(1-\varphi)(a-c_0)^2}{4(7-4\varphi)^2} - c_2 \tag{4-15}$$

因此

$$v(\mathrm{M}) + v(\mathrm{N}) + v(\mathrm{S}) = \frac{(43 - 46\varphi + 12\varphi^2)(a - c_0)^2}{4(7 - 4\varphi)^2} - (c_1 + c_2) \tag{4-16}$$

2. 部分成员结盟情形

(1) M 与 N 结盟。在此模式下,M 既是移动设备制造商,又是移动网络运营商。M 的决策变量为 p_0 和 p_1,S 的决策变量为 p_2。

$$v(M,N) = \max_{p_0, p_1}[(p_0 - c_0)(a - p_0) + (a - p_0 - p_1 - p_2) - c_1] \quad (4\text{-}17)$$

$$v(S) = \max_{p_2}[(1 - \varphi)p_2(a - p_0 - p_1 - p_2) - c_1] \quad (4\text{-}18)$$

通过计算可以求得

$$\begin{cases} p_0^* = \dfrac{3a + 4c_0 - 2\varphi(a + c_0)}{7 - 4\varphi} \\ p_1^* = \dfrac{2(1 - \varphi)(a - c_0)}{7 - 4\varphi} \\ p_2^* = \dfrac{a - c_0}{7 - 4\varphi} \end{cases}$$

$$v(M,N) = \frac{(2 - \varphi)(a - c_0)^2}{7 - 4\varphi} - c_1 \quad (4\text{-}19)$$

$$v(S) = \frac{(1 - \varphi)(a - c_0)^2}{(7 - 4\varphi)^2} - c_2 \quad (4\text{-}20)$$

$$v(M,N) + v(S) = \frac{(15 - 16\varphi + 4\varphi^2)(a - c_0)^2}{(7 - 4\varphi)^2} - (c_1 + c_2) \quad (4\text{-}21)$$

(2) N 与 S 结盟。在此情形下，N 既可为用户提供网络接入服务，同时也可为用户提供移动增值服务。M 的决策变量是 w，N 的决策变量是 p_0 和 p_3。

$$v(M) = \max_{w}[(w - c_0)(a - p_0)] \quad (4\text{-}22)$$

$$v(N,S) = \max_{p_0, p_3}[(p_0 - w)(a - p_0) + p_3(a - p_0 - p_3) - (c_1 + c_2)] \quad (4\text{-}23)$$

通过计算可以求得

$$\begin{cases} w^* = \dfrac{1}{2}(a + c_0) \\ p_0^* = \dfrac{1}{3}(2a + c_0) \\ p_3^* = \dfrac{1}{6}(a - c_0) \end{cases}$$

$$v(M) = \frac{1}{6}(a - c_0) \quad (4\text{-}24)$$

$$v(N,S) = \frac{1}{12}(a - c_0)^2 - (c_1 + c_2) \quad (4\text{-}25)$$

$$v(M) + v(N,S) = \frac{1}{4}(a - c_0)^2 - (c_1 + c_2) \quad (4\text{-}26)$$

(3) M 和 S 结成联盟。在此种情况下，M 既是移动设备制造商，同时又是增值服务提供商。M 的决策变量为 w 和 p_2，N 的决策变量为 p_0 和 p_1。

$$v(M,S) = \max_{w, p_2}[(w - c_0)(a - p_0) + (1 - \varphi)p_2(a - p_0 - p_1 - p_2) - c_2]$$

$$(4\text{-}27)$$

$$v(\mathbf{N}) = \max_{p_0, p_1}[(p_0 - w)(a - p_0) + (p_1 + \varphi p_2)(a - p_0 - p_1 - p_2) - c_1]$$

(4-28)

通过计算可以求得

$$\begin{cases} p_0^* = \dfrac{2a + c_0}{3} \\ p_1^* = \dfrac{1}{6}(a - c_0) \\ w^* = \dfrac{1}{2}(a + c_0) \\ p_2^* = 0 \end{cases}$$

$$v(\mathbf{M}, \mathbf{S}) = \frac{1}{6}(a - c_0)^2 - c_2 \qquad (4\text{-}29)$$

$$v(\mathbf{N}) = \frac{1}{12}(a - c_0)^2 - c_1 \qquad (4\text{-}30)$$

$$v(\mathbf{M}, \mathbf{S}) + v(\mathbf{N}) = \frac{1}{4}(a - c_0)^2 - (c_1 + c_2) \qquad (4\text{-}31)$$

由此可以看出,当 M 和 S 结成联盟时,M 一方面生产移动设备,另一方面又为使用其设备的用户提供增值服务,当 $p_2 = 0$ 时,即 M 免费为用户提供增值服务时,其利润达到最大,这似乎与我们想象的不太一致。这种情况下,p_0 的最优取值为 $\dfrac{2a + c_0}{3}$,与各成员互不结盟情况下 p_0 的最优取值 $\dfrac{5a + 2c_0 - (3a + c_0)\varphi}{7 - 4\varphi}$ 相比较,$\dfrac{5a + 2c_0 - (3a + c_0)\varphi}{7 - 4\varphi} - \dfrac{2a + c_0}{3} = \dfrac{(a - c_0)(1 - \varphi)}{3(7 - 4\varphi)} > 0$。M 与 S 的结盟会使得 p_0 的值减小,p_0 的值减小又会导致需求量增大。M 由于开发增值服务而投入的成本可以通过其移动设备销售量的增大来补偿。

3. 供应链中所有成员结盟

当 M、N 和 S 结成大联盟时,大联盟的特征函数为

$$v(\mathbf{M}, \mathbf{N}, \mathbf{S}) = \max_{p_0, p_3}[(p_0 - c_0)(a - p_0) + p_3(a - p_0 - p_3) - c_1 - c_2] \quad (4\text{-}32)$$

通过计算可以求得

$$\begin{cases} p_0^* = \dfrac{1}{3}(a + 2c_0) \\ p_3^* = \dfrac{1}{3}(a - c_0) \end{cases}$$

$$v(\mathbf{M}, \mathbf{N}, \mathbf{S}) = \frac{1}{3}(a - c_0)^2 - (c_1 + c_2) \qquad (4\text{-}33)$$

为了更直观地表示以上计算结果,下面将不同合作机制下各联盟的利润列于

表 4-3。

表 4-3 不同合作机制下各联盟的利润

合作方式	联盟利润
参与人互不合作	$v(M) = \dfrac{(2-\varphi)(a-c_0)^2}{2(7-4\varphi)}$ $v(N) = \dfrac{(2-\varphi)(a-c_0)^2}{4(7-4\varphi)} - c_1$ $v(S) = \dfrac{(1-\varphi)(a-c_0)^2}{4(7-4\varphi)^2} - c_2$
部分参与人合作	$v(M,N) = \dfrac{(2-\varphi)(a-c_0)^2}{7-4\varphi} - c_1$ $v(N,S) = \dfrac{1}{12}(a-c_0)^2 - (c_1+c_2)$ $v(M,S) = \dfrac{1}{6}(a-c_0)^2 - c_2$
全体成员合作	$v(M,N,S) = \dfrac{1}{3}(a-c_0)^2 - (c_1+c_2)$

命题 4.1 对于不同合作机制下的电信业供应链,有以下结论:
$v(M,N) > v(M) + v(N)$, $v(M,S) \geqslant v(M) + v(S)$,
$v(N,S) \geqslant v(N) + v(S)$, $v(M,N,S) \geqslant v(M,N) + v(S)$,
$v(M,N,S) \geqslant v(M,S) + v(N)$, $v(M,N,S) \geqslant v(M) + v(N,S)$

证明 因为
$$v(M,N) - [v(M) + v(N)] = \frac{(2-\varphi)(a-c_0)^2}{4(7-4\varphi)}$$

又 $0 \leqslant \varphi \leqslant 1$,所以
$$\frac{(2-\varphi)(a-c_0)^2}{4(7-4\varphi)} > 0$$

故
$$v(M,N) > v(M) + v(N)$$

同理可得
$$v(M,S) - [v(M) + v(S)] = \frac{(1-\varphi)(11-8\varphi)(a-c_0)^2}{12(7-4\varphi)^2} \geqslant 0$$

$$v(N,S) - [v(N) + v(S)] = \frac{(1-\varphi)^2(a-c_0)^2}{3(7-4\varphi)^2} \geqslant 0$$

$$v(M,N,S) - [v(M,N) + v(S)] = \frac{4(1-\varphi)^2(a-c_0)^2}{3(7-4\varphi)^2} \geqslant 0$$

$$v(M,N,S) - [v(M,S) + v(N)] = \frac{1}{12}(a-c_0)^2 > 0$$

$$v(M,N,S) - [v(M) + v(N,S)] = \frac{1}{12}(a-c_0)^2 > 0$$

所以命题 4.1 得证。

命题 4.1 表明，当供应链中的某两个成员形成小联盟时，小联盟的利润不小于非合作博弈下这两个成员利润的和，且当大联盟形成时可以使供应链整体的利润达到最大。而大联盟能否形成的关键因素是看大联盟策略下成员间的利润分配是否满足个体理性，即在大联盟策略下各成员的利润都不小于非合作博弈下的利润。下面利用 Shapley 值法对大联盟策略下的供应链各成员的利润分配进行研究，以保证大联盟的存在性与稳定性。

4.2.4　基于 Shapley 值法的利润分配策略

设 $\Phi_M(v)$、$\Phi_N(v)$ 和 $\Phi_S(v)$ 分别表示 M、N 和 S 的 Shapley 值，结合表 4-3 可以求出

$$\Phi_M(v) = \frac{[683 - 4\varphi(190 - 53\varphi)](a-c_0)^2}{72(7-4\varphi)^2} \tag{4-34}$$

$$\Phi_N(v) = \frac{[410 + \varphi(-457 + 128\varphi)](a-c_0)^2}{72(7-4\varphi)^2} - c_1 \tag{4-35}$$

$$\Phi_S(v) = \frac{(1-\varphi)(83-44\varphi)(a-c_0)^2}{72(7-4\varphi)^2} - c_2 \tag{4-36}$$

命题 4.2　根据联盟博弈下各成员间的 Shapley 值，有以下结论：

$$\Phi_M(v) > v(M), \quad \Phi_N(v) > v(N), \quad \Phi_S(v) \geqslant v(S),$$
$$\Phi_M(v) + \Phi_N(v) + \Phi_S(v) = v(M \bigcup N \bigcup S)$$

证明

$$\Phi_M(v) - v(M) = \frac{[179 - 4\varphi(55 - 17\varphi)](a-c_0)^2}{72(7-4\varphi)^2} > 0$$

$$\Phi_N(v) - v(N) = \frac{[158 - \varphi(187 - 56\varphi)](a-c_0)^2}{72(7-4\varphi)^2} > 0$$

$$\Phi_S(v) - v(S) = \frac{(1-\varphi)(65-44\varphi)(a-c_0)^2}{72(7-4\varphi)^2} \geqslant 0$$

$$\Phi_M(v) + \Phi_N(v) + \Phi_S(v) = \frac{1}{3}(a-c_0)^2 - (c_1 + c_2)$$
$$= v(M \bigcup N \bigcup S)$$

所以命题 4.2 得证。

命题 4.2 表明，在联盟博弈下，利用 Shapley 值法求得的各成员的利润均不小于其单独决策时的利润，能够满足联盟成员个体理性的约束，从而可以促使供应链

中各成员积极寻求与其他成员合作以增加自身的利润。各成员的 Shapley 值的和等于大联盟的总利润这一性质又说明利用 Shapley 值法进行利润分配时,集体理性约束可以得到满足。以上两点保证了大联盟形成的可行性与稳定性。因此,当运营商、终端制造商和服务提供商结成大联盟时,利用 Shapley 值法进行利润分配,既实现了整体利润最大化的目标,又实现了各成员利润的帕累托改进,从而能够实现供应链的协调。

4.2.5 数值算例

下面通过具体的数值算例来验证本书所得的一些结论。以中国手游、小米公司以及电信运营商(这里假设为中国移动)的合作为例进行分析。小米公司将其生产的小米系列手机通过中国移动销售给用户,中国手游将其针对小米手机的 MIUI(米柚)操作系统而开发的手机游戏《全民枪战》通过中国移动的网络平台供用户下载使用,用户在使用该游戏的过程中需支付一定的费用购买游戏道具如武器等。这里假设模型中各参数的取值分别为 $a=1000, c_0=200, c_1=10000, c_2=300, \varphi=0.3$,不同合作策略下各成员的利润及整个供应链的利润如表 4-4 所示。

表 4-4 不同合作策略下各成员的获利情况

合作策略 利润	(M,N,S)	(M∪N,S)	(M,N∪S)	(M∪S,N)	(M∪S∪N)	Shapley 协调后
$v(M)$	93793.1	—	106666	—	—	125268.8
$v(N)$	36896.6	—	—	43333.3	—	65153.9
$v(S)$	3029.73	13017.5	—	—	—	12610.6
$v(M,N)$	—	177586	—	—	—	—
$v(N,S)$	—	—	43033.3	—	—	—
$v(M,S)$	—	—	—	106366.7	—	—
$v(M,N,S)$	133719.43	190603.5	149699.3	149700	203033.3	203033.3

由表 4-4 可以看出,当供应链中的成员各自独立决策时,无论是供应链各成员的利润还是整个供应链系统的利润都是最小的。为了提高自身的利润,供应链中的部分成员有结成小联盟的动机。当小联盟形成以后,联盟的利润及联盟中成员的利润都有所提高。但是通过观察可以发现,无论哪个小联盟形成以后,未加入联盟的成员都比小联盟成员的利润提高更为明显,这时理性的决策者会做出退出小联盟的决定。这说明,尽管小联盟的形成有利于提高供应链的整体利润以及各成员的利润,但这样的小联盟是极不稳定的,有随时瓦解的可能。只有当大联盟形成以后,供应链系统的整体利润以及各成员的利润才能达到最大。当大联盟形成以

后,利用 Shapley 值法对联盟中的成员进行利润分配后,各成员的利润都有显著的提高,这可以保证大联盟的稳定性。此外,由表 4-4 可以看出,无论是在非合作情形下还是在合作情形下,移动设备制造商的利润总是最大的,这一结果与之前假设移动设备制造商在供应链中处于领导地位是分不开的。

4.3 技术投资成本共担契约下的电信业供应链协调模型

4.3.1 模型应用背景分析

数据信息的传播离不开移动终端,运营商增值服务的推广更离不开终端制造商的技术支持。随着电信增值服务的日益丰富和复杂,增值服务对移动终端的依赖性也愈来愈强。缺少了移动终端的技术支持,再好的增值服务也无法体现其价值。在现实中,终端产品的技术改进速度往往滞后于增值服务的研发速度,这在一定程度上影响了用户体验新的电信业务的热情,进而影响到新业务的推广和运营商的市场占有率。因此,运营商希望终端制造商在软硬件方面能够不断地改进其技术水平,给用户以更好的产品体验,特别是随着 5G 产业政策的进一步推动,运营商的这种愿望更加强烈。从终端制造商的角度来说,改进终端的技术水平固然能够增加终端的销售量,但巨大的技术投资成本往往打消了其改进技术水平的热情。因此,终端制造商在改进技术方面的投资水平与运营商的期望往往有很大的差距,运营商需要采取一定的策略来消除或缩小这一差距。

随着电信市场话音业务的趋于成熟,再加上各服务提供商推出的各类"OTT"业务如微信、Skype 等对传统话音业务的分流和替代,运营商长期以来赖以生存并给其带来丰厚利润的话音业务已经被边缘化和低值化。运营商需要通过改变经营方式,积极开展新业务来寻找新的利润增长点。运营商利用自己的网络优势,涉足增值服务市场,独立推出属于自己品牌的电信增值服务已经成为一种趋势。事实上,国外很多运营商在几年前就已经进行了这方面的尝试。早在 2012 年 5 月,西班牙电信公司 Telefonica 推出了一款 Tu Me IP 电话软件,可以为 Iphone 用户提供免费的发短信、打电话服务,此举被看成是该公司从传统的话音业务转向通过提供增值服务寻找新的利润增长点的开始。2012 年 11 月,法国电信公司 Orange 推出一款即时通信应用软件 Libon,宣布向"OTT"市场进军。在美国,AT&T、Verzion、

T-Mobile 等电信运营商也纷纷推出类似的"OTT"服务。在国内,2013 年 6 月,中国移动推出了一款即时通信应用 Jego,尽管该业务上线不足一月就暂停了用户注册,但也可以看成是国内运营商通过独自经营电信增值服务寻找新的利润增长点的一种尝试。2014 年,中国电信推出的"爱听 4G"业务也可以看成是运营商涉足增值服务市场的例证。随着电信市场的不断变革,相信还会有更多的运营商不断推出属于自己品牌的电信增值服务。

目前,专门研究运营商自主经营增值服务的文献还不多见,有些研究只是对运营商自主经营增值服务的可能性进行了定性分析,如陆富琪[134]、梁青峡[135]等人的研究。蒋丽丽等[62]构建了一个由终端制造商和运营商构成的电信业供应链模型,在假设运营商独自经营增值服务的情况下,研究了终端制造商和运营商的最优定价问题。本节研究一个由终端制造商和电信运营商组成的电信业供应链系统,终端制造商以一定批发价格向运营商提供终端设备,运营商在向用户提供入网服务的同时还独自为用户提供一种增值服务,在假设终端制造商改进技术水平扩大市场需求的情况下研究供应链的协调问题。

4.3.2 模型假设与符号说明

假设由一个终端制造商和一个电信运营商组成的一个电信业供应链系统,其主要业务活动概括如下:终端制造商以一定的批发价格将终端产品出售给电信运营商,电信运营商将终端产品销售给用户并为用户提供基础电信服务,用户购买终端并以协议的方式承诺在一段时间内(通常是一个使用周期)使用运营商的网络,承诺最低消费。电信运营商在向用户提供基础电信服务的同时还推出一种移动增值服务,用户根据移动增值服务的价格决定是否使用该服务。终端制造商利用改进终端软、硬件设施的手段来吸引用户,从而达到扩大市场占有率,实现利润增长的目的。

本节中所涉及的主要符号说明如下:

c:终端制造商的单位生产成本;

w:终端制造商向运营商提供终端设备的单位批发价格;

p_0:运营商向用户销售终端设备的单位零售价格;

r:一个使用周期内用户承诺的最低消费(为一常数);

p_1:用户使用移动增值服务需支付的费用;

c_1:运营商提供基础电信服务的单位成本;

c_2:运营商提供移动增值服务的单位成本;

D_1:运营商面临的基础电信服务的市场需求;

D_2：运营商面临的移动增值服务的市场需求；

θ：用户对终端设备硬件设施技术水平的敏感系数；

s：终端制造商的技术投资水平；

π_M：终端制造商的利润函数；

π_N：运营商的利润函数；

π_{MN}：供应链整体利润函数。

同时假设：

(1) 本节所涉及的供应链中各成员的利润是指一个使用周期内的利润。

(2) 用户对移动设备的需求量等于用户对运营商的基础电信服务的需求量。

(3) 用户对移动设备的市场需求量是终端制造商技术投资水平的增函数，仿照邢光军等[136]的讨论方法，这里假设运营商面临的基础电信服务的市场需求 $D_1 = a - p_0 + \theta s$，其中 a 为潜在的市场规模。

(4) 终端制造商对终端设备的硬件设施技术投资成本 $c(s)$ 是其技术投资水平 s 的增函数，且满足 $c'(s)>0, c''(s)>0$，即 $c(s)$ 是 s 的严格增函数，且随着 s 的增加，$c(s)$ 增加得更快。进一步假设 $c(s) = \frac{1}{2}\eta s^2$，其中 η 为常数[137]。

(5) 用户对移动增值服务的需求 D_2 仅与其价格有关，假设 $D_2 = D_1 - p_1 = a - p_0 - p_1 + \theta s$。

(6) 虽然运营商前期建设通信网络的固定投资巨大，但该投资属于一次性投资，通常不会对运营商的决策造成影响[137]，为便于分析，不考虑运营商的固定投资成本。

4.3.3 分散决策情形

在分散决策情形下，终端制造商和运营商各自以实现自身的利润最大化为目标进行决策。终端制造商和运营商之间进行的是 Stackelberg 博弈，假设终端制造商处于主导地位，运营商处于从属地位。其具体博弈过程如下：在博弈的第一阶段，终端制造商作为博弈的领导者首先确定其批发价 w 及其技术投资水平 s；在博弈的第二阶段，运营商观察到终端制造商的批发价格及其技术投资水平，在此基础上决定终端设备的零售价格 p_0 和增值服务的销售价格 p_1。Stackelberg 博弈模型属于动态的寡头市场产量博弈模型，博弈双方分为领导者和追随者，领导者先进行选择，追随者则根据领导者的选择进行决策，可以利用逆推法来求解该博弈模型。

终端制造商的利润函数可以表示为

$$\pi_M = (w - c)(a - p_0 + \theta s) - \frac{1}{2}\eta s^2 \quad (4\text{-}37)$$

运营商的利润函数可以表示为

$$\pi_N = (p_0 - w + r - c_1)(a - p_0 + \theta s) + (p_1 - c_2)(a - p_0 - p_1 + \theta s) \quad (4\text{-}38)$$

为了使研究结果有意义,进一步假设

$$\frac{\theta^2}{\eta} < \frac{3}{2}$$

对于终端制造商任意给定的批发价 w 和技术投资水平 s,假设运营商对终端设备的最优定价为 p_0^*,对移动增值服务的最优定价为 p_1^*,则应有

$$\left.\frac{\partial \pi_N}{\partial p_0}\right|_{p_0 = p_0^*} = 0 \quad \text{和} \quad \left.\frac{\partial \pi_N}{\partial p_1}\right|_{p_1 = p_1^*} = 0$$

通过计算可以求得

$$p_0^* = \frac{a - 2r + 2w + s\theta + 2c_1 + c_2}{3} \quad (4\text{-}39)$$

$$p_1^* = \frac{a + r - w + s\theta - c_1 + c_2}{3} \quad (4\text{-}40)$$

由式(4-39)可以看出,运营商的终端设备单位销售价格是市场规模 a、终端设备的批发价格 w 以及制造商的技术投资水平 s 的增函数,是用户最低消费水平 r 的减函数。运营商的增值服务销售价格是市场规模 a、用户最低消费水平 r 以及制造商的技术投资水平 s 的增函数,是终端设备批发价格 w 的减函数。

将式(4-39)代入式(4-37)并计算出 π_M 的海塞矩阵为

$$H = \begin{bmatrix} \dfrac{\partial^2 \pi_M}{\partial w^2} & \dfrac{\partial^2 \pi_M}{\partial w \partial s} \\ \dfrac{\partial^2 \pi_M}{\partial s \partial w} & \dfrac{\partial^2 \pi_M}{\partial s^2} \end{bmatrix} = \begin{bmatrix} -\dfrac{4}{3} & \dfrac{2\theta}{3} \\ \dfrac{2\theta}{3} & -\eta \end{bmatrix}$$

其顺序主子式为

$$\Delta_1 = -\frac{4}{3} < 0$$

$$\Delta_2 = |H| = \frac{4\eta}{3} - \frac{4}{9}\theta^2$$

由假设条件 $\dfrac{\theta^2}{\eta} < \dfrac{3}{2}$ 可知 $\Delta_2 > 0$,所以 π_M 有极大值。假设 π_M 取得极大值时批发价 w 和技术投资水平 s 的取值分别为 w^* 和 s^*,则可以求得

$$w^* = c + \frac{3\eta(2a + 2r - 2c - 2c_1 - c_2)}{4(3\eta - \theta^2)} \quad (4\text{-}41)$$

$$s^* = \frac{\theta(2a + 2r - 2c - 2c_1 - c_2)}{2(3\eta - \theta^2)} \quad (4\text{-}42)$$

将式(4-41)和式(4-42)代入式(4-39)和式(4-40)可得

$$p_0^* = \frac{4a\eta + (\eta - \theta^2)(2c + 2c_1 + c_2 - 2r)}{2(3\eta - \theta^2)} \quad (4\text{-}43)$$

$$p_1^* = \frac{2\eta(a - c - c_1 + r) + (5\eta - 2\theta^2)c_2}{4(3\eta - \theta^2)} \quad (4\text{-}44)$$

进一步可求得终端制造商和运营商的利润分别为

$$\pi_M = \frac{\eta(2a - 2c + 2r - 2c_1 - c_2)^2}{8(3\eta - \theta^2)} \quad (4\text{-}45)$$

$$\pi_N = \frac{12\eta^2(a - c + r - c_1)(a - c + r - c_1 - c_2) + (39\eta^2 - 24\eta\theta^2 + 4\theta^4)c_2^2}{16(3\eta - \theta^2)^2}$$
$$(4\text{-}46)$$

4.3.4 集中决策情形

在集中决策情形下，运营商和终端制造商共同决定终端设备的零售价格、改进终端设备的技术投资水平以及移动增值服务的销售价格，其目的是实现供应链整体利润的最大化。假设供应链整体利润函数为 π_{MN}，则

$$\pi_{MN} = (p_0 - c + r - c_1)(a - p_0 + \theta s) + (p_1 - c_2)(a - p_0 - p_1 + \theta s) - \frac{1}{2}\eta s^2 \quad (4\text{-}47)$$

π_{MN} 的海塞矩阵为

$$H_1 = \begin{bmatrix} \dfrac{\partial^2 \pi_{MN}}{\partial p_0^2} & \dfrac{\partial^2 \pi_{MN}}{\partial p_0 \partial p_1} & \dfrac{\partial^2 \pi_{MN}}{\partial p_0 \partial s} \\ \dfrac{\partial^2 \pi_{MN}}{\partial p_1 \partial p_0} & \dfrac{\partial^2 \pi_{MN}}{\partial p_1^2} & \dfrac{\partial^2 \pi_{MN}}{\partial p_1 \partial s} \\ \dfrac{\partial^2 \pi_{MN}}{\partial s \partial p_0} & \dfrac{\partial^2 \pi_{MN}}{\partial s \partial p_1} & \dfrac{\partial^2 \pi_{MN}}{\partial s^2} \end{bmatrix} = \begin{bmatrix} -2 & -1 & \theta \\ -1 & -2 & \theta \\ \theta & \theta & -\eta \end{bmatrix}$$

其顺序主子式分别为

$$\Delta_1 = -2 < 0$$
$$\Delta_2 = \begin{vmatrix} -2 & -1 \\ -1 & -2 \end{vmatrix} = 3 > 0$$
$$\Delta_3 = |H_1| = 2\theta^2 - 3\eta$$

由假设条件 $\dfrac{\theta^2}{\eta} < \dfrac{3}{2}$ 可知 $\Delta_3 < 0$，所以 H_1 是负定矩阵，π_{MN} 有极大值。

令

$$\frac{\partial \pi_{MN}}{\partial p_0} = 0, \quad \frac{\partial \pi_{MN}}{\partial p_1} = 0, \quad \frac{\partial \pi_{MN}}{\partial s} = 0$$

可以求得终端设备的最优定价、移动增值服务的最优定价、终端制造商的最优技术投资水平分别为

$$p_0^* = \frac{a\eta + (\eta - \theta^2)(2c + 2c_1 + c_2 - 2r)}{3\eta - 2\theta^2} \quad (4\text{-}48)$$

$$p_1^* = \frac{\eta(a - c - c_1 + r) + (\eta - \theta^2)c_2}{3\eta - 2\theta^2} \quad (4\text{-}49)$$

$$s^* = \frac{\theta(2a + 2r - 2c - 2c_1 - c_2)}{3\eta - 2\theta^2} \quad (4\text{-}50)$$

集中决策情形下的供应链整体利润为

$$\pi_{MN} = \frac{2\eta[(a - r - c - c_1)^2 + c_2(c + c_1 + c_2 - a - r)] - \theta^2 c_2^2}{6\eta - 4\theta^2} \quad (4\text{-}51)$$

比较式(4-42)和式(4-50)可以发现，终端制造商在集中决策情形下所投入的技术投资水平要高于分散决策情形下所投入的技术投资水平。同时可以求出

$$\pi_{MN} - (\pi_M + \pi_N) = \frac{9\eta^3(2a + 2r - 2c - 2c_1 - c_2)^2}{16(3\eta - 2\theta^2)(3\eta - \theta^2)^2} > 0 \quad (4\text{-}52)$$

式(4-52)表明，集中决策情形下系统的利润要高于分散决策情形下系统的利润。为了实现供应链系统整体利润的最大化，接下来引入技术投资成本共担契约来实现供应链的协调。

4.3.5 基于技术投资成本共担契约的供应链协调策略

为了鼓励终端制造商增加其技术投资水平，在扩大运营商的用户群体的同时实现终端制造商和运营商利润的帕累托改进，本节提出一种基于技术投资成本共担契约的协调策略。在该契约下，运营商承诺负担终端制造商一定比例的技术投资成本，其中 $\gamma(0<\gamma<1)$ 为运营商负担的技术投资成本的比例。在此情形下，记终端制造商和运营商的利润函数分别为 π_{MT} 和 π_{NT}，则易得

$$\pi_{MT} = (w - c)(a - p_0 + \theta s) - (1 - \gamma)\frac{1}{2}\eta s^2 \quad (4\text{-}53)$$

$$\pi_{NT} = (p_0 - w + r - c_1)(a - p_0 + \theta s) + \\ (p_1 - c_2)(a - p_0 - p_1 + \theta s) - \frac{1}{2}\gamma\eta s^2 \quad (4\text{-}54)$$

假设终端制造商提供的最优批发价格和最优技术投资水平分别为 w_t^* 和 s_t^*，运营商对终端设备的最优定价为 p_{0t}^*，对移动增值服务的最优定价为 p_{1t}^*，利用主从对策理论可以求得

$$w_t^* = c + \frac{3(1 - \gamma)\eta(2a + 2r - 2c - 2c_1 - c_2)}{4[3(1 - \gamma)\eta - \theta^2]} \quad (4\text{-}55)$$

$$s_t^* = \frac{\theta(2a + 2r - 2c - 2c_1 - c_2)}{2[3(1 - \gamma)\eta - \theta^2]} \quad (4\text{-}56)$$

$$p_{0t}^* = \frac{4a(1-\gamma)\eta + [(1-\gamma)\eta - \theta^2](2c + 2c_1 + c_2 - 2r)}{2[3(1-\gamma)\eta - \theta^2]} \quad (4\text{-}57)$$

$$p_{1t}^* = \frac{2(1-\gamma)\eta(a + r - c - c_1) + [5(1-\gamma)\eta - 2\theta^2]c_2}{4[3(1-\gamma)\eta - \theta^2]} \quad (4\text{-}58)$$

终端制造商和运营商的利润分别为

$$\pi_{MT} = \frac{\eta(1-\gamma)(2a + 2r - 2c - 2c_1 - c_2)^2}{8[3(1-\gamma)\eta - \theta^2]} \quad (4\text{-}59)$$

$$\pi_{NT} = \frac{4\eta[3(1-\gamma)^2\eta - 2\gamma\theta^2](a + r - c - c_1)(a + r - c - c_1 - c_2)}{16[3(1-\gamma)\eta - \theta^2]^2}$$

$$+ \frac{[39(1-\gamma)^2\eta^2 - 2(12 - 11\gamma)\eta\theta^2 + 4\theta^4]c_2^2}{16[3(1-\gamma)\eta - \theta^2]^2} \quad (4\text{-}60)$$

为了实现终端制造商和运营商利润的帕累托改进，γ 应满足以下不等式

$$\pi_{MT} - \pi_M > 0$$

$$\pi_{NT} - \pi_N > 0$$

为了使式(4-56)有意义，还应有

$$2[3(1-\gamma)\eta - \theta^2] > 0$$

由以上不等式可以求得 γ 的取值范围为

$$\gamma \in \left(0, \frac{6\eta\theta^2 - 2\theta^4}{18\eta^2 - 3\eta\theta^2}\right)$$

以上分析表明，在技术投资成本共担契约的激励下，当 $\gamma \in \left(0, \dfrac{6\eta\theta^2 - 2\theta^4}{18\eta^2 - 3\eta\theta^2}\right)$ 时，终端制造商和运营商的利润较之于分散决策时的情形都有了帕累托改进，实现了供应链的部分协调。其中终端制造商和运营商可以根据各自的谈判能力或实力的大小来确定 γ 的取值。

4.3.6 数值算例

为了对前面所得的结论进行验证，同时分析成本分担系数对终端制造商和运营商的决策与利润的影响，下面来看一个具体的数值算例。以中国联通和华为公司的合作为例，中国联通与华为公司合作研发 5G 智能手机并将其销售给用户，同时向用户提供增值服务。在这里，假设 $a = 2000, c = 1000, r = 50, c_1 = 30, c_2 = 20, \theta = 60, \eta = 6000$，表 4-5 给出了分散决策和集中决策模式下终端制造商和运营商的最优决策及各自的利润。

表 4-5　不同决策模式下供应链成员的最优决策与利润

决策方式\指标	w	s	p_0	p_1	π_M	π_N	$\pi_M + \pi_N$
分散决策	1631.25	4.21	1981.7	220.42	212521	132926	345447
集中决策	—	8.42	858.3	428.3	—	—	459044

从表 4-5 可以看出：(1) 在集中决策模式下终端制造商的技术投资水平要远高于分散决策模式下的技术投资水平，这说明集中决策模式能够促进终端产品的研发和技术的提升；(2) 在集中决策模式下运营商向用户提供的终端产品的零售价格要远低于分散决策模式的零售价格，甚至集中决策模式下终端产品的零售价格比其生产成本还要低。运营商此举的目的是吸引更多的用户加入其网络，以便于其提高市场占有率。这一结果与现实中的某些现象相吻合，在实际问题中，许多运营商会采取购机价格补贴甚至入网免费送手机的策略来吸引更多的用户加入其网络，从而达到提高市场占有率的目的；(3) 在集中决策模式下，运营商对增值服务的定价要远高于分散决策模式下的定价，这是因为前期运营商以较低（甚至亏本）的价格销售了移动终端，为了不使自己的利益受到损失，运营商只能提高对增值服务的定价，由于入网用户增多，运营商的市场占有率提高，因此他不用担心因增值服务的定价过高而没有用户使用。

将上述数据代入式子 $\gamma = \dfrac{6\theta^2 - 2\theta^4}{18\eta^2 - 3\eta\theta^2}$，可以求得 γ 的取值范围为 $\gamma \in (0, 0.18)$。取 $\gamma = 0.15$，可以求得 $\pi_{MT} = 222329$，$\pi_{NT} = 152392$。将之与表 4-5 中分散决策模式下终端制造商和运营商的利润相比较，可以发现在技术投资成本共担契约下，终端制造商和零售商的利润都得到了帕累托改进。

图 4-2 反映的是运营商对终端制造商技术投资成本的补贴系数 γ 变化时终端制造商的技术投资水平 s 的变化情况；图 4-3 反映的是 γ 变化时终端制造商和运营商的利润变化情况。

由图 4-2 可以看出，在 $\gamma \in (0, 0.18)$ 范围内，随着运营商对终端制造商技术投资成本分担比例的增大，终端制造商的技术投资水平不断增大，此举对于增加终端产品的销售量，扩大运营商的用户规模具有一定的帮助。由图 4-3 可以看出，在 $\gamma \in (0, 0.18)$ 范围内，随着运营商对终端制造商技术投资成本分担比例的增大，终端制造商和运营商的利润都在不断增大，其中运营商的利润增加趋势更为明显。因此，对于运营商来说，在 $\gamma \in (0, 0.18)$ 范围内，应尽可能多地分担终端制造商的技术投资成本，这样才能鼓励终端制造商提升其技术投资水平，扩大产品的市场占有率，在给双方带来更大的利润的同时实现供应链的协调。

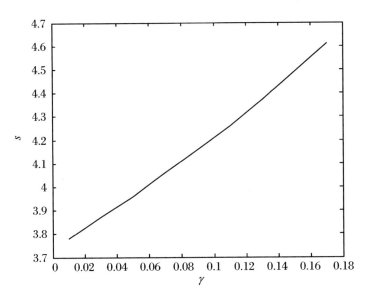

图 4-2 s 随 γ 变化时的变化情况

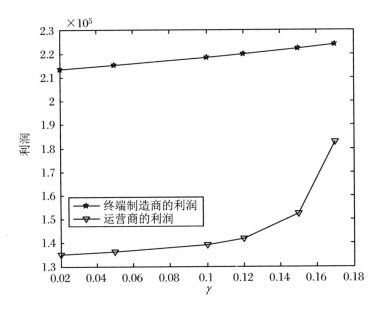

图 4-3 成员利润随 γ 变化时的变化情况

第 5 章 移动互联网环境下电信业供应链的定价策略与协调机制研究

移动互联网技术是互联网技术与移动通信技术结合的产物。移动互联网技术的出现,改变了电信业供应链的结构,同时也改变了供应链成员间的合作模式。以服务提供商与运营商的合作模式为例,传统的电信业供应链中,服务提供商和运营商之间的合作模式是一种典型的围墙花园模式[138],在该合作模式下,服务提供商只有通过接入运营商的计费平台才能为用户提供移动增值服务。为此,服务提供商在移动增值服务收益方面需要和运营商进行分享。移动互联网技术的出现,给服务提供商提供了一个不需要接入运营商的计费平台便能为用户提供服务的新渠道,服务提供商对运营商的依赖程度正在逐渐下降。在移动互联网环境下,服务提供商有了更多的话语权,以服务产品的定价为例,由于不需要与运营商进行收益共享,服务提供商的定价策略也变得更加灵活。早在 2014 年 8 月,工信部就发布公告称,要全面放开对电信产品的定价限制,实行市场调节定价。合作方式与定价机制的改变,加剧了电信业供应链成员间的利益冲突,供应链的协调更加难以实现。基于此,本章研究移动互联网环境下电信业供应链的定价策略与协调问题,首先分析移动互联网环境下电信产业的特点,其次通过构建模型研究移动互联网环境下基于双渠道合作模式和管道模式下电信业供应链的定价问题,最后研究管道模式下的定价协调问题。

5.1 移动互联网环境下电信产业的特点分析

1. 运营商的话音业务受到"OTT"业务的冲击,业务量持续萎缩

移动互联网技术的快速发展,带动了移动增值服务市场的繁荣,大量的移动增值服务不断涌现。以腾讯 QQ、微信、Skype 等业务为代表的"OTT"业务的出现,给运营商长期以来赖以生存的优势业务——话音、短信业务带来了极大的冲击。"OTT"是英文单词"Over The Top"的缩写,是当前通信行业的一个流行词汇,在这里是指移动互联网公司越过电信运营商发展的一种开放式的互联网数据业务。"OTT"业务在一定程度上对电信运营商的话音业务具有替代作用,从而导致了电信运营商话音业务的萎缩。来自工业和信息化部的数据显示,2019 年,全国移动电话去话通话时长 2.4 万亿分钟,比上年下降 5.9%,话音业务收入达到 1622 亿元,比上年下降 15.5%。图 5-1 给出了 2014~2019 年移动电话用户和通话量增长情况。从图 5-1 可以看出,当前的电信市场中运营商原有的话音业务量呈现持续萎缩的趋势,这表明了运营商的基本业务体系正面临着来自移动互联网的全面挑战。在移动互联网时代,运营商需改变传统的运营模式和经营策略,积极寻求新的利润增长点。

图 5-1　2014~2019 年移动电话用户和通话量增长情况

(资料来源:工业和信息化部)

2. 移动互联网接入流量保持高速增长，运营商转向流量经营

与话音业务量持续萎缩形成鲜明对比的是，运营商的移动互联网接入流量正呈现爆炸式的增长趋势。随着第四代移动通信技术（4G）的推广普及和第五代移动通信技术（5G）的投入使用，我国的手机上网用户不断增多。来自工业和信息化部的数据显示，截至 2019 年 6 月，我国手机网民规模达 8.47 亿。手机上网用户的增多，导致了移动互联网接入流量的持续增长，2019 年移动互联网接入流量消费达 1220 亿 GB，比上年增长 71.6%。图 5-2 给出了 2014~2019 年移动互联网流量及月户均流量（DOU）增长情况。

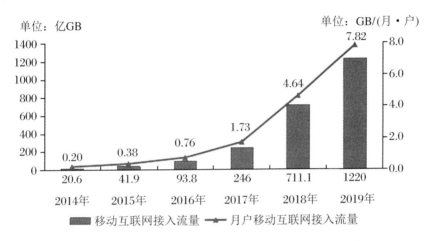

图 5-2 2014~2019 年移动互联网流量及月户均流量增长情况

（资料来源：工业和信息化部）

从图 5-2 可以看出，无论是移动互联网接入总流量还是月户均移动互联网接入流量都呈现出快速增长的趋势。传统话音业务的萎缩以及移动互联网接入流量的持续增长，促使运营商开始转变经营策略，积极探索基于流量经营的新业务模式。

3. 服务提供商的话语权加大，运营商进一步被"管道化"

在移动互联网环境下，由于服务提供商不需接入运营商的计费系统就能为用户提供增值服务，因此服务提供商在对电信增值服务产品的定价方面不再受制于运营商的约束，可以从自身利益最大化的角度去决策。运营环境的改变使得运营商正在逐步被"管道化"。在这种情况下，运营商需要改变经营策略，在积极探索流量经营业务模式和不断推进智能管道建设的同时，还要积极探索新的合作机制，加强同电信业供应链成员间的密切合作，实现供应链的协调发展。

5.2 电信业供应链的双渠道合作模式及其应用背景

双渠道合作模式是当前我国的电信产业中存在的一种商业模式。张金隆等[48]在其著作《移动商务战略联盟研究》一书中对双渠道合作模式作了详细的介绍。由于2.5G用户和3G/4G用户并存的混合环境,再加上运营商掌控着大量的用户信息,拥有庞大的渠道系统和强大的客户服务能力,许多服务提供商在通过移动互联网渠道为用户提供增值服务的同时,仍然保留着和运营商的合作渠道,继续通过运营商的网络平台为部分用户提供增值服务,这样便产生了双渠道合作模式。在与运营商的合作渠道上,服务提供商仍然需要和运营商之间进行收益共享,而在移动互联网渠道上,服务提供商不需和运营商进行收益共享,运营商只在用户使用增值服务时按用户消耗的流量来收取流量费。目前我国电信市场中,一些手机游戏、电子书、应用商店等虚拟增值服务采用的都是双渠道合作模式[47]。比如当当网的一些读者在购买电子书时,可以选择通过手机扣费的方式支付,也可以选择网银或支付宝等其他支付方式直接支付。

双渠道合作模式的出现使得电信业供应链的结构和供应链成员间的竞合关系变得更加复杂,这对供应链成员的决策提出了更高的要求。运营商和服务提供商之间如何进行最优决策以实现利益的最大化,是一个值得关注的问题。

目前,在电信行业研究双渠道合作模式的文献还十分有限。已有的研究仅考虑了成员间的营销努力程度对供应链的影响[47,54],而对于需求受价格影响时的双渠道合作模式下的服务产品定价问题,特别是运营商和服务提供商之间存在竞争时的服务产品定价问题则鲜有文献涉及。基于此,本节研究双渠道合作模式下电信业供应链的定价问题,以弥补相关研究的不足。

5.3 双渠道合作模式下的定价策略研究

5.3.1 运营商不提供增值服务时的定价策略

1. 模型描述与符号说明

考虑一个由单个运营商和单个服务提供商构成的电信业供应链系统,服务提供商采用双渠道的合作模式为用户提供增值服务,即服务提供商在通过移动互联网渠道为用户提供增值服务 e_1 的同时还与运营商合作,接入运营商的计费系统为用户提供增值服务 e_2。运营商与服务提供商在两种服务上的关系如图 5-3 所示。

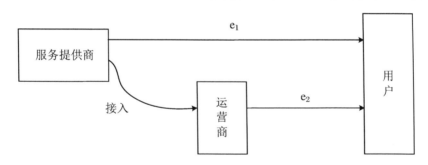

图 5-3 电信业供应链双渠道系统

同时假设:

(1) 用户通过合作渠道使用增值服务 e_2 时除了向运营商支付一定的流量费外还需要支付给服务提供商一定的信息服务费,该信息服务费由运营商代收,运营商以一定的比例同服务提供商分享该信息服务费。用户通过移动互联网渠道使用增值服务 e_1 时需要支付的费用包含信息服务费和流量费两部分,其中信息服务费归服务提供商所有,服务提供商无需和运营商分享该部分收益,流量费归运营商所有。

(2) 服务提供商制定增值服务 e_1 和 e_2 的信息服务费标准,运营商制定增值服务 e_1 和 e_2 的流量费标准,两种服务的定价均是基于用户所访问的流量而进行考量的。

(3) 总的市场规模为 A,其中增值服务 e_1 所面临的最大市场需求为 $\alpha A (0 < \alpha < 1)$,增值服务 e_2 所面临的最大市场需求为 $(1-\alpha)A$,这里的 α 表示使用增值服

e_1 的用户在总用户中所占的比例。用户只能选择两种服务中的一种进行消费且用户对每一种服务的需求只与价格因素有关,而与其他因素无关。

(4) 本节所涉及的供应链中各成员的利润是指一个使用周期内的利润,通常按月计算。

(5) 为便于分析,不考虑运营商和服务提供商在建设网络和开发增值服务上的固定投资成本。

本节中所涉及的主要符号说明如下:

p_1:用户使用增值服务 e_1 时需支付给服务提供商的信息服务费;

p_2:用户使用增值服务 e_2 时需支付给服务提供商的信息服务费;

p_3:用户使用增值服务 e_1 和 e_2 时需要支付给运营商的流量费;

φ:运营商在增值服务 e_1 的信息服务费中获得的分成比例,$0<\varphi<1$;

c_{M1}:运营商提供增值服务 e_1 的单位可变成本;

c_{M2}:运营商提供增值服务 e_2 的单位可变成本;

c_{S1}:服务提供商提供增值服务 e_1 的单位可变成本;

c_{S2}:服务提供商提供增值服务 e_2 的单位可变成本;

π_M:运营商的总利润;

π_S:服务提供商的总利润。

2. 模型求解

假设运营商和服务提供商之间进行的是一种 Stackelberg 博弈,双方各自独立决定增值服务的流量费定价和信息服务费定价以最大化自身的利润,其中运营商作为主导者先行动,服务提供商作为跟随者后行动。运营商的利润由两部分组成,一部分来自和服务提供商合作为用户提供增值服务 e_1 所获得的利润分成,另一部分来自用户使用增值服务 e_1 和 e_2 时所支付的流量费。假设增值服务 e_1 和 e_2 的市场需求分别为 $D_1 = \alpha A - b(p_1 + p_3)$ 和 $D_2 = (1-\alpha)A - b(p_2 + p_3)$,这里的 b ($b>0$)表示两种增值服务的价格弹性系数,b 越大表示用户对增值服务的价格越敏感。运营商的利润函数可表示为

$$\pi_M = (p_3 - c_{M1})[\alpha A - b(p_1 + p_3)] + (\varphi p_2 + p_3 - c_{M2})$$
$$[(1-\alpha)A - b(p_2 + p_3)] \quad (5\text{-}1)$$

服务提供商的利润也由两部分组成,一部分来自和运营商合作为用户提供增值服务 e_1 所获得的利润分成,另一部分来自用户使用增值服务 e_2 时所支付的信息服务费。服务提供商的利润函数可表示为

$$\pi_S = (p_1 - c_{S1})[\alpha A - b(p_1 + p_3)] + [(1-\varphi)p_2 - c_{S2}]$$
$$[(1-\alpha)A - b(p_2 + p_3)] \quad (5\text{-}2)$$

对式(5-2)右端分别关于 p_1, p_2 求导可得

$$\frac{\mathrm{d}\pi_S}{\mathrm{d}p_1} = [\alpha A - b(p_1 + p_3)] - b(p_1 - c_{S1}) \tag{5-3}$$

$$\frac{\mathrm{d}\pi_S}{\mathrm{d}p_2} = (1-\varphi)[(1-\alpha)A - b(p_2 + p_3)] - b[(1-\varphi)p_2 - c_{S2}] \tag{5-4}$$

假设服务提供商对于增值服务 e_1 和 e_2 的服务费最优定价分别为 p_1^* 和 p_2^*，则可以得到

$$p_1^* = \frac{\alpha A + b(c_{S1} - p_3)}{2b} \tag{5-5}$$

$$p_2^* = \frac{(1-\varphi)[(1-\alpha)A - bp_3] + bc_{S2}}{2b(1-\varphi)} \tag{5-6}$$

由上述两式可以看出，服务提供商关于信息服务费的最优定价会受到运营商流量费定价的影响，运营商对增值服务流量的定价越高，则服务提供商关于信息服务费的最优定价越低。

将上述结果代入式(5-1)，利用逆推法求解可得运营商对流量的最优定价为

$$p_3^* = \frac{(1-\varphi)\{A[4-4\alpha(1-\varphi)-3\varphi]+2b(c_{M1}+c_{M2})-b(4-\varphi)c_{S1}\} - b\varphi c_{S2}}{2b(4-\varphi)(1-\varphi)} \tag{5-7}$$

进而可以得到

$$p_1^* = \frac{(1-\varphi)\{A[4-6\alpha(2-\varphi)-3\varphi]+2b(c_{M1}+c_{M2})-3b(4-\varphi)c_{S1}\}}{4b(4-\varphi)(1-\varphi)}$$

$$- \frac{b\varphi c_{S2}}{4b(4-\varphi)(1-\varphi)} \tag{5-8}$$

$$p_2^* = \frac{(1-\varphi)\{A[2\alpha(2+\varphi)-4-\varphi]+2b(c_{M1}+c_{M2})-b(4-\varphi)c_{S1}\}}{4b(4-\varphi)(1-\varphi)}$$

$$- \frac{b(8-\varphi)c_{S2}}{4b(4-\varphi)(1-\varphi)} \tag{5-9}$$

命题 5.1 服务提供商关于增值服务 e_1 的信息服务费最优定价 p_1^* 随着 α 的增大而增大；服务提供商关于增值服务 e_2 的信息服务费最优定价 p_2^* 随着 α 的增大而减小；运营商关于增值服务 e_1 和 e_2 的流量费最优定价 p_3^* 随着 α 的增大而减小。

证明 因为

$$\frac{\mathrm{d}p_1^*}{\mathrm{d}\alpha} = \frac{3A(2-\varphi)}{2b(4-\varphi)} > 0$$

所以 p_1^* 随着 α 的增大而增大；

因为

$$\frac{\mathrm{d}p_2^*}{\mathrm{d}\alpha} = -\frac{A(2+\varphi)}{2b(4-\varphi)} < 0$$

所以 p_2^* 随着 α 的增大而减小；

因为

$$\frac{\mathrm{d}p_3^*}{\mathrm{d}\alpha} = -\frac{2A(1-\varphi)}{b(4-\varphi)} < 0$$

所以 p_3^* 随着 α 的增大而减小。

所以命题 5.1 得证。

命题 5.1 表明，随着 α 的增大，通过移动互联网渠道使用增值服务 e_1 的用户在总用户中所占的比例逐渐增大，此时的服务提供商应提高对增值服务 e_1 的信息服务费定价；随着 α 的增大，使用增值服务 e_2 的用户在总用户中所占的比例逐渐减小，为了吸引更多的用户使用增值服务 e_2，服务提供商应该降低对增值服务 e_2 的信息服务费定价；对于运营商而言，当其不提供增值服务时，随着通过移动互联网渠道使用增值服务的用户的增多（α 增大），运营商应降低对增值服务流量费的定价。

5.3.2 运营商提供增值服务时的定价策略

伴随着移动增值服务市场的逐渐繁荣，运营商凭借自身强大的研发实力、雄厚的资金支持以及庞大的用户基础，也积极转型进入移动增值服务市场，与服务提供商展开激烈的市场竞争。比如中国联通的联通在信，中国电信的天翼 LIVE、189 邮箱等都是这方面的典型代表。运营商进入移动增值服务市场，使得服务提供商与运营商的关系由单纯的合作关系转变成为竞争合作关系。竞争合作关系的存在，使得服务提供商和运营商在决策时需要考虑的因素增多，同时也使决策过程变得更加复杂。在双渠道合作模式下，存在着竞争合作关系的服务提供商和运营商之间如何进行最优决策以实现利润的最大化，是一个值得研究的问题。接下来我们研究在双渠道合作模式下考虑运营商提供增值服务时的电信业供应链定价策略。

1. 模型假设与符号说明

考虑由一个运营商和一个服务提供商构成的一个电信业供应链系统，服务提供商采用双渠道合作模式为用户提供增值服务，即服务提供商在通过移动互联网渠道为用户提供增值服务 e_1 的同时还通过接入运营商的计费系统为用户提供另一种增值服务 e_2。运营商在与服务提供商合作为用户提供增值服务 e_2 的同时还利用自己的网络平台为用户提供增值服务 e_3，运营商与服务提供商在三种服务上的关系如图 5-4 所示。

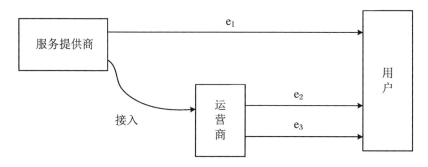

图 5-4 运营商和服务提供商存在竞争时的电信业供应链双渠道系统

同时假设：

（1）用户使用增值服务 e_1 时需要支付的费用包含信息服务费和流量费两部分，其中信息服务费归服务提供商所有，流量费归运营商所有；用户使用增值服务 e_2 时需要支付的费用包含信息服务费和流量费两部分，其中流量费归运营商所有，服务提供商和运营商按照收益共享契约共同分享信息服务费；用户使用增值服务 e_3 时只需要支付信息服务费且信息服务费归运营商独自享有。

（2）服务提供商制定增值服务 e_1 和 e_2 的信息服务费标准，运营商制定增值服务 e_1 和 e_2 的流量费标准以及增值服务 e_3 的信息服务费标准，三种服务的定价均是基于用户访问的流量而进行考量的。

（3）增值服务 e_1 和 e_3 之间具有一定的替代性，即服务提供商和运营商在这两种增值服务上存在着竞争关系，用户会根据两种增值服务的价格去选择其中的一种。

（4）服务提供商提供的两种增值服务 e_1 和 e_2 之间不存在竞争关系，考虑到在运营商的网络平台上同时经营增值服务 e_2 和 e_3，运营商会避免两者之间竞争关系的出现，所以这里假设 e_2 和 e_3 之间也不存在竞争关系。

（5）用户对这三种增值服务的需求只与价格因素有关，而与其他因素无关。

（6）服务提供商和运营商之间的竞争关系是一种基于 Stackelberg 博弈的关系，其中运营商作为主导者先行动，服务提供商作为追随者后行动。

（7）为便于分析，不考虑运营商和服务提供商的固定投资成本。

本节中所涉及的主要符号说明如下：

A：运营商的用户总量；

p_0：用户使用增值服务 e_3 时需要支付给运营商的信息服务费；

p_1：用户使用增值服务 e_1 或 e_2 时需要支付给运营商的流量费；

p_2：用户使用增值服务 e_1 时需要支付给服务提供商的信息服务费；

p_3：用户使用增值服务 e_2 时需要支付给服务提供商的信息服务费；

φ：运营商在增值服务 e_2 的信息服务费中获得的分成比例，$0<\varphi<1$；

α：使用增值服务 e_1 的用户在运营商的用户总量中所占的比例，$0<\alpha<1$；

D_i：增值服务 e_i 的市场需求，$i=1,2,3$；

c_M：运营商提供增值服务 e_3 的单位可变成本；

c_{Si}：服务提供商提供增值服务 e_i 的单位可变成本，$i=1,2$。

2. 模型分析

假设用户对增值服务 e_1、e_2 和 e_3 的需求分别为

$$D_1 = \alpha A - (p_1 + p_2) - b(p_1 + p_2 - p_0)$$
$$D_2 = A - (p_1 + p_3)$$
$$D_3 = (1 - \alpha)A - p_0 - b(p_0 - p_1 - p_2)$$

其中 $b>0$，表示增值服务 e_1 和 e_3 之间的替代效用系数。

从而运营商和服务提供商的利润函数分别为

$$\pi_M = p_0 D_3 + p_1(D_1 + D_2) + \varphi p_3 D_2 - c_M D_3 \tag{5-10}$$

$$\pi_S = p_2 D_1 + (1 - \varphi)p_3 D_2 - c_{S1} D_1 - c_{S2} D_2 \tag{5-11}$$

根据以上各参数以及利润函数的定义，可得以下结论。

命题 5.2 运营商和服务提供商关于各增值服务的流量费和信息服务费的最优定价分别为

$$p_0^* = \frac{\delta_1}{2\Delta} + \frac{b(1+b)c_{S2}}{(1-\varphi)\Delta} + \frac{c_M}{2} \tag{5-12}$$

$$p_1^* = \frac{\delta_2}{\Delta} + \frac{(2+4b+b^2)c_{S2}}{(1-\varphi)\Delta} \tag{5-13}$$

$$p_2^* = \frac{(2A\alpha + bc_M)\Delta + b\delta_1}{4(1+b)\Delta} - \frac{(2b+1)c_{S2}}{(1-\varphi)\Delta} + \frac{\Delta c_{S1} - \delta_2}{2\Delta} \tag{5-14}$$

$$p_3^* = \frac{A\Delta - \delta_2}{2\Delta} - \frac{(b^2 + 4b + 2 - \Delta)c_{S2}}{2(1-\varphi)\Delta} \tag{5-15}$$

其中

$$\delta_1 = -2A(4+3b)(1-\alpha+b) + A[2(1+b)^2 - (2+b)\alpha]\varphi$$
$$\quad - b(1+b)(2-\varphi)c_{S1}$$

$$\delta_2 = -A[3b^2 + 6b + 2 + 2(1+b)\alpha] + A(b^2 + 4b + 2)\varphi$$
$$\quad + 2(1+b)(1+2b)c_{S1}$$

$$\Delta = (\varphi - 10)b^2 + 4(\varphi - 5)b + 2\varphi - 8$$

证明 由假设可知，用户对增值服务 e_1、e_2 和 e_3 的需求分别为

$$D_1 = \alpha A - (p_1 + p_2) - b(p_1 + p_2 - p_0) \tag{5-16}$$

$$D_2 = A - (p_1 + p_3) \tag{5-17}$$
$$D_3 = (1-\alpha)A - p_0 - b(p_0 - p_1 - p_2) \tag{5-18}$$

运营商和服务提供商的利润函数分别为

$$\pi_M = p_0 D_3 + p_1(D_1 + D_2) + \varphi p_3 D_2 - c_M D_3 - c_{M0} \tag{5-19}$$
$$\pi_S = p_2 D_1 + (1-\varphi) p_3 D_2 - c_{S1} D_1 - c_{S2} D_2 - c_{S0} \tag{5-20}$$

将 D_1、D_2、D_3 分别代入式(5-19)和式(5-20)可得

$$\begin{aligned}\pi_M =\ & (p_0 - c_M)[(1-\alpha)A - p_0 - b(p_0 - p_1 - p_2)] \\ & + p_1[(1+\alpha)A - (p_1 + p_2) - (p_1 + p_3) - b(p_1 + p_2 - p_0)] \\ & + \varphi p_3[A - (p_1 + p_3)] - c_{M0}\end{aligned} \tag{5-21}$$

$$\begin{aligned}\pi_S =\ & (p_2 - c_{S1})[\alpha A - (p_1 + p_2) - b(p_1 + p_2 - p_0)] \\ & + [(1-\varphi)p_3 - c_{S2}](A - p_1 - p_3) - c_{S0}\end{aligned} \tag{5-22}$$

$$\frac{\mathrm{d}\pi_S}{\mathrm{d}p_2} = \alpha A - p_1 - p_2 - (1+b)(p_2 - c_{S1}) + b(p_0 - p_1 - p_2) \tag{5-23}$$

$$\frac{\mathrm{d}\pi_S}{\mathrm{d}p_3} = (1-\varphi)(A - p_1 - 2p_3) + c_{S2} \tag{5-24}$$

π_S 的海塞矩阵为

$$H_1 = \begin{bmatrix} -2(1+b) & 0 \\ 0 & -2(1-\varphi) \end{bmatrix}$$

显然 H_1 为负定矩阵，π_S 有极大值。

由式(5-23)、式(5-24)给出的一阶条件可以求得

$$p_2 = \frac{\alpha A + b p_0}{2(1+b)} - \frac{p_1 - c_{S1}}{2} \tag{5-25}$$

$$p_3 = \frac{A - p_1}{2} + \frac{c_{S2}}{2(1-\varphi)} \tag{5-26}$$

将式(5-25)、式(5-26)代入式(5-21)可以求得

$$\frac{\mathrm{d}\pi_M}{\mathrm{d}p_0} = A + b p_1 + \frac{b c_{S1}}{2} + \frac{(c_M - 2p_0)(2 + 4b + b^2) - A(2+b)\alpha}{2(1+b)} \tag{5-27}$$

$$\frac{\mathrm{d}\pi_M}{\mathrm{d}p_1} = \frac{1}{2}[A + A\alpha - A\varphi - b c_M - (1+b) c_{S1} + 2b p_0 - (4 + 2b - \varphi) p_1]$$
$$- \frac{c_{S2}}{2(1-\varphi)} \tag{5-28}$$

π_M 的海塞矩阵为

$$H_2 = \begin{bmatrix} -\left(3 + b - \dfrac{1}{1+b}\right) & b \\ b & -\dfrac{1}{2}(2b + 4 - \varphi) \end{bmatrix}$$

其顺序主子式分别为

$$\Delta_1 = -\left(3 + b - \frac{1}{1+b}\right) < 0$$

$$\Delta_2 = (4 - \varphi)\left(1 + b - \frac{\varphi}{4}\right) > 0$$

所以 H_2 为负定矩阵，π_M 有极大值。

由式(5-24)、式(5-25)可以求得

$$p_0^* = \frac{\delta_1}{2\Delta} + \frac{b(1+b)c_{S2}}{(1-\varphi)\Delta} + \frac{c_M}{2} \tag{5-29}$$

$$p_1^* = \frac{\delta_2}{\Delta} + \frac{(2 + 4b + b^2)c_{S2}}{(1-\varphi)\Delta} \tag{5-30}$$

将式(5-29)、式(5-30)代入式(5-25)、式(5-26)可得

$$p_2^* = \frac{(2A\alpha + bc_M)\Delta + b\delta_1}{4(1+b)\Delta} - \frac{(1+2b)c_{S2}}{\Delta(1-\varphi)} + \frac{c_{S1}\Delta - \delta_2}{2\Delta} \tag{5-31}$$

$$p_3^* = \frac{\Delta A - \delta_2}{2\Delta} - \frac{(2 + 4b + b^2 - \Delta)c_{S2}}{2\Delta(1-\varphi)} \tag{5-32}$$

所以命题 5.2 得证。

命题 5.3 p_0^* 随着 α 的增大而减小，p_1^* 随着 α 的增大而增大，p_2^* 随着 α 的增大而增大，p_3^* 随着 α 的增大而减小。

证明 因为

$$\frac{\mathrm{d}p_0^*}{\mathrm{d}\alpha} = \frac{A[8 + b(6-\varphi) - 2\varphi]}{-4[4 + 5b(2+b)] + 2[2 + b(4+b)]\varphi} < 0$$

所以 p_0^* 随着 α 的增大而减小；

因为

$$\frac{\mathrm{d}p_1^*}{\mathrm{d}\alpha} = \frac{-2A(1+b)}{-2[4 + 5b(2+b)] + [2 + b(4+b)]\varphi} > 0$$

所以 p_1^* 随着 α 的增大而增大；

因为

$$\frac{\mathrm{d}p_2^*}{\mathrm{d}\alpha} = \frac{-2A[6 + b(12 + 5b)] + A[4 + b(6+b)]\varphi}{4(1+b)\{-2[4 + 5b(2+b)] + [2 + b(4+b)]\varphi\}} > 0$$

所以 p_2^* 随着 α 的增大而增大；

因为

$$\frac{\mathrm{d}p_3^*}{\mathrm{d}\alpha} = \frac{A(1+b)}{-2[4 + 5b(2+b)] + [2 + b(4+b)]\varphi} < 0$$

所以 p_3^* 随着 α 的增大而减小。

所以命题 5.3 得证。

由命题 5.3 可以看出,随着使用增值服务 e_1 的用户在运营商的总用户中所占的比例不断增大(α 增大),运营商在减小增值服务 e_3 的信息服务费定价的同时,还应该提高对增值服务 e_1 和 e_2 的流量费的定价;而对于服务提供商而言,当使用增值服务 e_1 的用户在运营商的总用户中所占的比例增大时,服务提供商应该采取提高 e_1 的信息服务费定价同时降低 e_2 的信息服务费定价的策略。

与 5.2 节所得的结论相比较可以发现,随着 α 的增大,运营商在增值服务流量费上的定价策略是不同的。当运营商不提供增值服务时,移动互联网用户越多(α 越大),运营商的流量费定价就越低;当运营商提供增值服务时,由于运营商和服务提供商之间在增值服务 e_1 和 e_3 上存在竞争,随着移动互联网用户的增多(α 增大),运营商会提高用户使用增值服务 e_1 时的流量费定价,以增加用户使用增值服务 e_1 的成本,同时运营商还会采取降低增值服务 e_3 的信息服务费定价的策略,以吸引更多的用户使用增值服务 e_3。

3. 数值算例

取 $A=100, b=0.5, \varphi=0.2, c_M=5, c_{S1}=10, c_{S2}=10$。表 5-1 列出了在 α 取不同值时运营商和服务提供商对于各增值服务的最优定价决策。

表 5-1　运营商和服务提供商的最优定价决策　　单位:元

α	p_0^*	p_1^*	p_2^*	p_3^*
0.1	40.01	20.71	4.55	45.90
0.2	37.33	22.23	6.67	45.13
0.3	34.66	23.76	8.79	44.37
0.4	31.99	25.29	11.09	43.61
0.5	29.32	26.81	13.04	42.84
0.6	26.65	28.34	15.17	42.08
0.7	23.98	29.87	17.29	41.32
0.8	21.30	31.39	19.42	40.55
0.9	18.63	32.92	21.54	39.79

由表 5-1 可以看出,随着使用增值服务 e_1 的用户在整个用户群中所占比例的增大,运营商在降低增值服务 e_3 的信息服务费定价的同时,还会提高对增值服务 e_1 和 e_2 的流量费的定价,这样可以增加用户使用增值服务 e_1 的成本,从而促使更多的用户放弃对增值服务 e_1 的使用,转而选择使用增值服务 e_3。而对于服务提供商而言,随着使用增值服务 e_1 的用户在整个用户群中所占比例的增大,服务提供商一方面会选择提高增值服务 e_1 的信息服务费定价,另一方面由于运营商提高了增值服

务 e_2 的流量费的定价,为了避免使用增值服务 e_2 的用户流失过多,服务提供商会选择适当降低增值服务 e_2 的信息服务费定价的策略。

图 5-5 反映了运营商对信息服务费和流量费的最优定价随着 α 变化时的变化情况;图 5-6 反映了服务提供商对增值服务 e_1 和 e_2 的信息服务费的最优定价随着 α 变化时的变化情况。

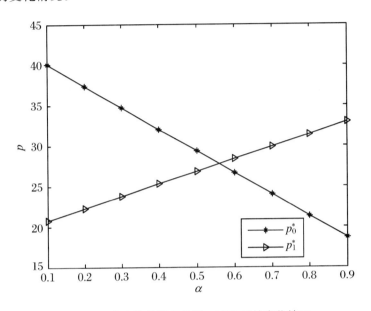

图 5-5 运营商的最优定价随 α 变化时的变化情况

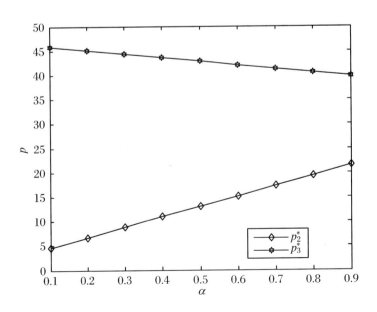

图 5-6 服务提供商的最优定价随 α 变化时的变化情况

比较图 5-5 和图 5-6 可以发现，为了提高各自的利润，尽管运营商和服务提供商都会采取调整增值服务产品定价的策略，但服务提供商对增值服务 e_1 的信息服务费定价的调整范围要小于运营商对增值服务 e_3 的信息服务费定价的调整范围。这是因为，由于用户对增值服务 e_1 的需求是由流量费和信息服务费的和决定的，而增值服务 e_1 的流量费定价权在运营商手中，从而使服务提供商在增值服务 e_1 的信息服务费调整范围上受到了一定的限制；而运营商则不同，由于增值服务 e_3 的定价权由其自己决定，因此其调整范围要大一些。这说明在增值服务 e_1 和 e_3 之间的竞争上，运营商具有更大的优势，这一点与运营商和服务提供商的博弈过程中运营商处于主导地位的假设相一致。

5.4 管道模式下的定价策略与协调机制研究

5.4.1 定价策略分析

1. 模型假设

假设由单个运营商和单个服务提供商组成一个电信业供应链系统，服务提供商向用户提供某种移动互联网增值服务。在一个使用周期内（通常按月计算），用户需向服务提供商一次性支付一笔费用。用户在使用该增值服务的过程中，根据使用增值服务的次数和在线时间的不同，会消耗不同数量的手机流量，每个使用周期结束时，运营商会根据用户消耗手机流量的多少向用户收取一笔费用。

本节所涉及的主要符号说明如下：

p_1：运营商对单位流量的定价；

p_2：服务提供商对每个用户在一个使用周期内收取的费用；

c_1：运营商生产单位流量的可变成本；

c_2：服务提供商一个使用周期内的单位可变成本；

r：每个用户一个使用周期内可能消耗的最大流量；

π_M：一个使用周期内运营商获得的利润；

π_S：一个使用周期内服务提供商获得的利润；

D_1：运营商所面临的流量需求；

D_2：服务提供商所面临的服务需求。

同时假设：

（1）不考虑运营商和服务提供商在网络建设和服务产品开发方面的固定投资。通常这些固定投资属于一次性投资，不会对运营商和服务提供商的定价决策产生影响，为了简化计算过程，所以不考虑决策者的固定投资。

（2）只考虑价格因素对用户需求的影响，不考虑其他因素。

（3）服务提供商面临的服务需求 $D_2 = A - b_2 p_2$，其中 A 表示潜在的用户规模，b_2 表示该增值服务的价格弹性，b_2 越大表明用户对增值服务的价格越敏感；运营商面临的流量需求 $D_1 = r D_2 - b_1 p_1$，其中 b_1 表示流量价格的价格弹性，b_1 越大表明用户对流量的价格越敏感。

2. 模型分析

（1）分散决策情形。在分散决策情形下，假设运营商和服务提供商之间进行的是一种 Stackelberg 博弈，运营商作为领导者先行动，服务提供商作为跟随者后行动。运营商和服务提供商的利润函数分别为

$$\pi_M = (p_1 - c_1)[r(A - b_2 p_2) - b_1 p_1] \tag{5-33}$$

$$\pi_S = (p_2 - c_2)(A - b_2 p_2) \tag{5-34}$$

对 π_S 关于 p_2 求导可得

$$\frac{d\pi_S}{dp_2} = A - b_2 p_2 - b_2(p_2 - c_2)$$

$$\frac{d^2 \pi_S}{dp_2^2} = -2b_2 < 0$$

所以服务提供商的最优定价为

$$p_2^* = \frac{A + b_2 c_2}{2 b_2} \tag{5-35}$$

将其代入式(5-33)可以求得

$$\frac{d\pi_M}{dp_1} = r\left[A - \frac{1}{2}(A + b_2 c_2)\right] - b_1(2p_1 - c_1) \tag{5-36}$$

$$\frac{d^2 \pi_M}{dp_1^2} = -2b_1 < 0$$

所以运营商单位流量的最优定价为

$$p_1^* = \frac{Ar + 2 b_1 c_1 - r b_2 c_2}{4 b_1} \tag{5-37}$$

运营商和服务提供商的利润分别为

$$\pi_M = \frac{(Ar - 2 b_1 c_1 - r b_2 c_2)^2}{16 b_1} \tag{5-38}$$

$$\pi_S = \frac{(A - b_2 c_2)^2}{4 b_2} \tag{5-39}$$

(2) 集中决策情形。在集中决策情形下,运营商和服务提供商共同决定对单位增值服务和单位流量的定价,将供应链整体的利润记为 π_{MS},则

$$\pi_{MS} = [r(p_1 - c_1) + p_2 - c_2](A - b_2 p_2) - (p_1 - c_1) b_1 p_1 \tag{5-40}$$

通过计算可以求得

$$\frac{d^2 \pi_{MS}}{d p_1^2} = -2 b_1 \quad \frac{d^2 \pi_{MS}}{d p_1 d p_2} = -r b_2$$

$$\frac{d^2 \pi_{MS}}{d p_2^2} = -2 b_2 \quad \frac{d^2 \pi_{MS}}{d p_2 d p_1} = -r b_2$$

为了使式(5-40)的最优解存在,还需其海塞矩阵 $H = \begin{bmatrix} -2 b_1 & -r b_2 \\ -r b_2 & -2 b_2 \end{bmatrix}$ 为负定矩阵,所以假设

$$0 < r < 2 \sqrt{\frac{b_1}{b_2}}$$

可以求得在集中决策情形下,单位流量和单位增值服务的最优定价分别为

$$p_1^{**} = \frac{2 b_1 c_1 + r[A - b_2(r c_1 + c_2)]}{4 b_1 - r^2 b_2} \tag{5-41}$$

$$p_2^{**} = \frac{b_1 [2 A + b_2 (r c_1 + 2 c_2)] - A r^2 b_2}{b_2 (4 b_1 - r^2 b_2)} \tag{5-42}$$

整个供应链的利润为

$$\pi_{MS} = \frac{b_1 [A^2 + b_2^2 c_2 (r c_1 + c_2) + b_2 (-A r c_1 + b_1 c_1^2 - 2 A c_2)]}{b_2 (4 b_1 - r^2 b_2)} \tag{5-43}$$

$$\pi_{MS} - \pi_M - \pi_S = \frac{r^2 b_2 (A r - 2 b_1 c_1 - r b_2 c_2)^2}{16 b_1 (4 b_1 - r^2 b_2)} > 0$$

上式说明集中决策情形下供应链系统的利润要大于分散决策情形下运营商和服务提供商的利润之和。运营商和服务提供商的分散决策产生了双重边际问题,无法实现系统利润的最大化,因此需要借助合理的协调策略来实现供应链的协调。

5.4.2 基于单边转移支付机制的协调策略

合理的协调策略需要满足两个条件:一是协调后博弈各方的最优决策应是全局最优的;二是协调后博弈各方的利润较之协调前要实现帕累托改进[54,131]。单边转移支付机制(Side-Payment Contracts)是供应链管理中一种常见的协调机制,部分学者对其进行了详细的研究[139-142]。这里借助 Leng[139] 设计的单边转移支付机制来研究运营商和服务提供商之间的协调问题。

根据 Leng 的观点,合理的协调机制能够实现供应链的协调,需要符合以下两个条件:

(1) 协调后每个成员的最优决策应与整体最优时的决策相等;

(2) 协调后每个成员所获得的利润较之协调前要有所增加,即每个成员的利润都能实现帕累托改进。

采用 Leng 的研究方法将转移支付分为两部分,分别为转移支付函数(Transfer Function)和固定转移支付(Constant Side-Payment),其中转移支付函数是为了满足上述条件(1)的要求,固定转移支付是为了满足上述条件(2)的要求。

假设运营商给出的转移支付函数为 $L(p_1, p_2)$,固定转移支付为 w,则在该单边转移支付机制的作用下,运营商和服务提供商的利润函数分别变为

$$\tilde{\pi}_M(p_1, p_2) = \pi_M(p_1, p_2) - L(p_1, p_2) - w \quad (5\text{-}44)$$

$$\tilde{\pi}_S(p_1, p_2) = \pi_S(p_1, p_2) + L(p_1, p_2) + w \quad (5\text{-}45)$$

命题 5.4 为了保证在该单边转移支付机制下运营商和服务提供商都能从全局最优的角度进行决策,转移支付函数 $L(p_1, p_2)$ 应该满足以下条件:

$$\begin{cases} \pi_M(p_1^{**}, p_2^{**}) - L(p_1^{**}, p_2^{**}) \geqslant \pi_M(p_1, p_2^{**}) - L(p_1, p_2^{**}) \\ \pi_S(p_1^{**}, p_2^{**}) + L(p_1^{**}, p_2^{**}) \geqslant \pi_S(p_1^{**}, p_2) + L(p_1^{**}, p_2) \end{cases} \quad (5\text{-}46)$$

证明 先不考虑固定转移支付,在转移支付函数 $L(p_1, p_2)$ 的作用下,运营商和服务提供商的利润函数可表示为

$$\begin{cases} \bar{\pi}_M(p_1, p_2) = \tilde{\pi}_M(p_1, p_2) + w = \pi_M(p_1, p_2) - L(p_1, p_2) \\ \bar{\pi}_S(p_1, p_2) = \tilde{\pi}_S(p_1, p_2) - w = \pi_S(p_1, p_2) + L(p_1, p_2) \end{cases} \quad (5\text{-}47)$$

由于 (p_1^{**}, p_2^{**}) 是使供应链整体利润最大化时的最优决策,记

$$\bar{\pi}_{MS}(p_1, p_2) = \pi_M(p_1, p_2) + \pi_S(p_1, p_2) = \bar{\pi}_M(p_1, p_2) + \bar{\pi}_S(p_1, p_2) \quad (5\text{-}48)$$

则 (p_1^{**}, p_2^{**}) 也是包含转移支付函数 $L(p_1, p_2)$ 的博弈的均衡解,故应有

$$\bar{\pi}_{MS}(p_1^{**}, p_2^{**}) \geqslant \bar{\pi}_{MS}(p_1, p_2)$$

$$\bar{\pi}_M(p_1^{**}, p_2^{**}) \geqslant \pi_M(p_1, p_2^{**})$$

$$\bar{\pi}_S(p_1^{**}, p_2^{**}) \geqslant \pi_S(p_1^{**}, p_2)$$

所以命题 5.4 得证。

命题 5.5 为了保证协调后运营商和服务提供商的最优决策能够达到全局最优,转移支付函数 $L(p_1, p_2)$ 应可微,同时需满足以下条件:

$$\frac{\mathrm{d}L(p_1^{**}, p_2^{**})}{\mathrm{d}p_1} = 0 \quad (5\text{-}49)$$

$$\frac{\mathrm{d}L(p_1^{**}, p_2^{**})}{\mathrm{d}p_2} = \frac{rb_2(Ar - 2b_1c_1 - rb_2c_2)}{4b_1 - r^2b_2} \quad (5\text{-}50)$$

证明 由于运用转移支付函数 $L(p_1,p_2)$ 后,运营商和服务提供商的最优决策应是全局最优决策,所以应有

$$\left.\frac{d\tilde{\pi}_M}{dp_1}\right|_{p_1=p_1^{**}} = \left.\left(\frac{d\pi_M}{dp_1} - \frac{dL(p_1,p_2)}{dp_1}\right)\right|_{p_1=p_1^{**}} = 0 \qquad (5\text{-}51)$$

$$\left.\frac{d\tilde{\pi}_S}{dp_2}\right|_{p_2=p_2^{**}} = \left.\left(\frac{d\pi_S}{dp_2} + \frac{dL(p_1,p_2)}{dp_2}\right)\right|_{p_2=p_2^{**}} = 0 \qquad (5\text{-}52)$$

通过计算可以求得

$$\frac{dL(p_1^{**},p_2^{**})}{dp_1} = 0$$

$$\frac{dL(p_1^{**},p_2^{**})}{dp_2} = \frac{rb_2(Ar - 2b_1c_1 - rb_2c_2)}{4b_1 - r^2b_2}$$

所以命题 5.5 得证。

基于以上分析,下面设计一个简单的转移支付函数

$$L(p_1,p_2) = p_2\frac{rb_2(Ar - 2b_1c_1 - rb_2c_2)}{4b_1 - r^2b_2} \qquad (5\text{-}53)$$

在这个转移支付函数的作用下,运营商和服务提供商的利润函数分别变为

$$\tilde{\pi}_M = \pi_M - p_2\frac{rb_2(Ar - 2b_1c_1 - rb_2c_2)}{4b_1 - r^2b_2} \qquad (5\text{-}54)$$

$$\tilde{\pi}_S = \pi_S + p_2\frac{rb_2(Ar - 2b_1c_1 - rb_2c_2)}{4b_1 - r^2b_2} \qquad (5\text{-}55)$$

转移支付函数 $L(p_1,p_2)$ 保证了运营商和服务提供商能够从全局最优的角度决定单位增值服务费和单位流量费的定价。对于运营商而言,当然不希望服务提供商将增值服务费定价过高,因为过高的定价会减少使用增值服务的用户数量,对运营商的利润也会造成影响。为了鼓励服务提供商降低增值服务费的价格,运营商会给予服务提供商一定的补偿,这里的 $\frac{rb_2(Ar - 2b_1c_1 - rb_2c_2)}{4b_1 - r^2b_2}$ 就表示运营商对服务提供商每降低单位定价而给予的补偿。

下面研究固定转移支付 w 的设计问题,以使运营商和服务提供商的利润都得到帕累托改进。

令 $\Delta_M = \tilde{\pi}_M - \pi_M, \Delta_S = \tilde{\pi}_S - \pi_S$,通过计算可以求得

$$\Delta_M = \frac{r^2b_2(8b_1 - r^2b_2)(Ar - 2b_1c_1 - rb_2c_2)^2}{16b_1(4b_1 - r^2b_2)^2} \qquad (5\text{-}56)$$

$$\Delta_S = -\frac{r^2b_2(Ar - 2b_1c_1 - rb_2c_2)^2}{4(4b_1 - r^2b_2)^2} \qquad (5\text{-}57)$$

为了简化计算结果,令

$$u = r^2b_2(Ar - 2b_1c_1 - rb_2c_2)^2$$

$$v = 4b_1 - r^2 b_2$$

则

$$\Delta_M = \frac{(4b_1 + v)u}{16 b_1 v^2}$$

$$\Delta_S = -\frac{u}{4v^2}$$

接下来采用 Nash 讨价还价的方法求解固定转移支付 w 的取值。为了简化求解过程,假设运营商和服务提供商的谈判能力相等,记 $(0,0)$ 为双方谈判的起点,则该问题可转化为求解以下最优化问题:

$$\max_{w}(\Delta_M - w)(\Delta_S + w)$$
$$\text{s.t.} \begin{cases} \Delta_M - w \geqslant 0 \\ \Delta_S + w \geqslant 0 \end{cases} \tag{5-58}$$

通过求解上述最优化问题,可以求得

$$w = \frac{u(v + 8b_1)}{32 v^2 b_1}$$

5.4.3 数值算例

下面通过一个具体的数值算例来进一步验证单边转移支付机制在实现电信业供应链协调过程中的有效性。

以移动互联网上的手机游戏为例,假设某服务提供商通过移动互联网向用户提供一款手机游戏,用户下载该游戏时需一次性向服务提供商支付一笔费用。用户在使用该游戏时需要根据消耗的流量向运营商支付费用,支付费用的多少取决于用户的在线时长。令 $A=1000, b_1=20, b_2=5, c_1=5, c_2=10, r=2$,分别计算出在分散决策、集中决策以及协调后运营商和服务提供商的最优决策以及各自的利润,如表 5-2 所示。

表 5-2 协调前后的均衡结果对比　　　　　　　　　单位:元

	分散决策	集中决策	协调后的分散决策
p_1	26.25	33.3	33.3
p_2	105	76.7	76.7
L	—	—	283.3
w	—	—	5519.09

续表

	分散决策	集中决策	协调后的分散决策
π_M	9031.25	—	10244.28
π_S	45125	—	46922.39
$\pi_M + \pi_S$	54156.25	57166.67	57166.67

由表 5-2 可以看出,在分散决策情形下,服务提供商对增值服务的定价要高于集中决策时的定价,高定价导致了用户数量的减少,影响到运营商的利润。为了吸引更多的用户,运营商只能降低单位流量的定价,所以分散决策时运营商对单位流量的定价小于集中决策时的定价。当运用单边转移支付机制后,运营商和服务提供商都从整体利润最大化的角度进行决策,且运营商和服务提供商的利润较分散决策时都有了提高,实现了供应链的协调。

5.4.4 模型应用分析

该模型是在移动互联网环境下研究运营商和服务提供商之间的协调问题的。由于摆脱了运营商对其的限制,服务提供商在对增值服务产品的定价上有了更大的自主权,在实际问题中表现为服务提供商从自身利益最大化的角度进行决策。对于运营商而言,由于服务提供商的定价直接影响到使用增值服务的用户数量,运营商当然不希望服务提供商将增值服务产品的价格定得过高,过高的价格会导致用户数量减少,进而导致运营商流量业务的下降。对于希望通过经营流量来改变其收入结构以实现利润最大化的运营商来说,这显然是其所不希望看到的。通过设计这样一个转移支付机制,可以使服务提供商降低其产品的定价,吸引更多的用户使用该增值服务,实现供应链整体利润的最大化。服务提供商因为降价而遭受的损失可以通过从运营商处获得的转移支付而获得补偿,从而实现运营商和服务提供商的双赢。

第6章 网络外部性下基于服务成本共担契约的电信业供应链协调策略

随着移动互联网技术的快速发展,网络外部性的影响正在逐渐渗透到各个行业,传统电信产业链的结构及其运营模式正在发生着深刻的变化,电信运营商在自营实体渠道、社会实体渠道以及电子渠道上展开了激烈的竞争。电信业务代理商作为电信业供应链中重要的成员,其向顾客提供的服务水平的高低对电信业务的市场需求量变化乃至电信运营商竞争能力的强弱有着决定性影响。如何在考虑网络外部性的条件下促使电信业务代理商努力提高其服务水平以及如何实现供应链的协调?这些问题值得进一步研究。基于此,本章研究考虑网络外部性时的电信业供应链服务产品定价与供应链协调问题。

6.1 模型基本假设

本章中的电信业供应链系统假设由一个电信运营商和一个电信代理商组成,双方通过合作向用户提供电信业务,其中电信运营商和电信代理商都是风险中性和完全理性的。电信业务的价格由运营商确定,服务水平由代理商决定。

模型的符号表示如下:假设电信业务的单位价格为 p,代理商提供的服务水平(服务质量、服务效率等)为 s,由于在现有的技术水平下单位运营成本是不变的,故为了处理起来方便,这里不考虑成本对决策变量的影响。电信运营商销售电信业务的固定运营成本为 c_1,代理商代理电信业务的固定成本为 c_2,令 $c = c_1 + c_2$ 为系统总成本。分散决策下的业务分成比例为 $\alpha(p_1, c_1, c_2 > 0; 0 < \alpha < 1)$。

假设 1 假设电信代理商的服务成本与服务质量之间满足关系式 $c_S = \frac{b}{2}s^2$,其中 b 为常数,这里为简化运算,设 $b = 1$,则 $c_S = \frac{1}{2}s^2$。

假设 2 假设市场中共有 n 个电信业务需求者,每个需求者只购买单个业务,并且能够在购买业务后获得 $v_i + s$ 的保留效用。其中,v_i 为业务本身的效用,在 $[0,v]$ 上服从均匀分布,当网络外部性不存在时,对任意一个价格 p',当且仅当用户获得的效用 $v_i + s \geqslant p'$ 时,用户获得净剩余,从而愿意购买服务产品,反之不购买。由于 v_i 在 $[0,v]$ 上服从均匀分布,因此价格 p' 和业务需求量满足的关系为 $D = n(v+s-p')/v$,当网络外部性存在时电信业务价格 p 满足如下条件:

$$p = \delta D + p' \tag{6-1}$$

由 $D = n(v+s-p')/v$ 可得网络外部性特征下的电信业务市场需求函数为

$$D(p) = \frac{n(v+s-p)}{\beta} \tag{6-2}$$

由式(6-2)可知市场价格为 p 时电信业务需求量为 $D(p)$,其中 $\beta = v - n\delta, \delta \in (0, (2v-n)/2n)$ 为网络外部性强度系数。

6.2 不同情形下的电信业供应链协调策略研究

6.2.1 不考虑网络外部性时的电信业供应链协调策略研究

1. 集中决策情形

在集中决策情形下,此时讨论的是电信业供应链系统的总体利润,电信运营商和电信代理商共同决定最优的价格和最优的服务水平,则整个电信业供应链系统的利润函数可以表示为

$$\pi = np\frac{v+s-p}{v} - \frac{1}{2}s^2 - c \tag{6-3}$$

命题 6.1 在集中决策情形下,电信业务的最优价格及最优服务水平 (p^*, s^*) 为

$$p^* = \frac{v^2}{2v-n} \tag{6-4}$$

$$s^* = \frac{vn}{2v-n} \tag{6-5}$$

电信业供应链系统的总利润为

$$\pi^* = \frac{v^2 n}{2(2v-n)} \tag{6-6}$$

其中 $2v - n > 0$。

证明 由式(6-3)可得

$$\frac{\partial \pi}{\partial p} = \frac{n(v+s-2p)}{v}$$

$$\frac{\partial^2 \pi}{\partial^2 p} = \frac{-2n}{v} < 0$$

则供应链的整体利润关于电信业务的单位价格 p 的二阶导数小于零,即有极大值。

同理

$$\frac{\partial \pi}{\partial s} = \frac{np}{v} - s$$

$$\frac{\partial^2 \pi}{\partial^2 s} = -1 < 0$$

则供应链的整体利润关于电信业务的服务水平 s 的二阶导数小于零,即有极大值。

由 $\frac{\partial \pi}{\partial p}$ 关于 p 的一阶导数和 $\frac{\partial \pi}{\partial s}$ 关于 s 的一阶导数可得

$$p' = \frac{n(v+s)}{2n}$$

$$s' = \frac{np}{v}$$

联立 p' 和 s' 可得最优的价格 $p^* = \frac{v^2}{2v-n}$ 及最优的服务水平 $s^* = \frac{vn}{2v-n}$。

将式(6-4)和式(6-5)代入式(6-3)可得集中决策下电信业供应链系统的总利润为

$$\pi^* = \frac{v^2 n}{2(2v-n)}$$

所以命题 6.1 得证。

2. 分散决策情形

在分散决策情形下,电信运营商与电信代理商各自为政,双方不以供应链整体利益最大化为决策目标,而以自身利益最大化进行决策。运用主从对策理论,假设电信运营商是 Stackelberg 博弈的主导者,而电信代理商是追随者。两者在业务分成契约下实现利益分配,记 $\pi_{t\alpha}$ 为电信运营商的利润函数,$\pi_{a\alpha}$ 为电信代理商的利润函数,则

$$\pi_{t\alpha} = np\alpha \frac{v+s-p}{v} - c_1 \tag{6-7}$$

$$\pi_{a\alpha} = np(1-\alpha)\frac{v+s-p}{v} - \frac{1}{2}s^2 - c_2 \tag{6-8}$$

命题 6.2 在分散决策情形下,电信业务的最优价格及最优服务水平(p_α^*,

s_α^*)为

$$p_\alpha^* = \frac{v^2}{2v + 2n(\alpha - 1)} \tag{6-9}$$

$$s_\alpha^* = \frac{nv(1 - \alpha)}{2v + 2n(\alpha - 1)} \tag{6-10}$$

电信运营商及电信代理商的利润为

$$\pi_{t\alpha}^* = \frac{n\alpha v^2}{4[v + n(\alpha - 1)]} - c_1 \tag{6-11}$$

$$\pi_{a\alpha}^* = \frac{nv^2(1 - \alpha)(2v + 3n\alpha - 3n)}{8[v + n(\alpha - 1)]^2} - c_2 \tag{6-12}$$

电信业供应链系统的总利润为

$$\pi_\alpha^* = \frac{nv^2[2v - n(1 - \alpha)(3 - \alpha)]}{2[2v + 2n(\alpha - 1)]^2} - c \tag{6-13}$$

其中 $2v + 2n(\alpha - 1) > 0$。

证明 根据逆推法对式(6-7)和式(6-8)进行求解。电信运营商是 Stackelberg 博弈的主导者,而电信代理商是博弈的追随者,电信运营商的实力较强,具有绝对的市场主导地位,将先行决策电信产品的价格 p,使其利润 π_{ta} 最大化,电信代理商再根据电信运营商给出的最优的 p 值决策最优的服务水平 s。先考虑博弈的第二阶段,由式(6-8)易证明 $\pi_{a\alpha}$ 是关于 s 的凹函数。由此,对式(6-8)求关于服务水平 s 的一阶偏导数,令一阶偏导数等于零,可得电信代理商对电信运营商电信产品价格决策的反应函数为

$$s' = \frac{np(1 - \alpha)}{v} \tag{6-14}$$

将式(6-14)代入 π_{ta} 可得最优的电信产品的价格为

$$p_\alpha^* = \frac{v^2}{2v + 2n(\alpha - 1)}$$

将其代入式(6-14)可得电信代理商最优的服务水平为

$$s_\alpha^* = \frac{nv(1 - \alpha)}{2v + 2n(\alpha - 1)}$$

将 p_α^* 和 s_α^* 代入式(6-7)、式(6-8)可得电信运营商和电信代理商的利润分别为

$$\pi_{t\alpha}^* = \frac{n\alpha v^2}{4[v + n(\alpha - 1)]} - c_1$$

$$\pi_{a\alpha}^* = \frac{nv^2(1 - \alpha)(2v + 3n\alpha - 3n)}{8[v + n(\alpha - 1)]^2} - c_2$$

所以命题 6.2 得证。

以上求出了分散决策模型中电信业务的最优服务水平、最优价格以及电信业供应链中双方的利润。

命题 6.3 在分散决策下,电信业供应链的利润相比集中决策要小;当 $0<\alpha<\frac{1}{2}$ 时,分散决策下的服务水平大于集中决策下的服务水平;当 $\frac{1}{2}<\alpha<1$ 时,分散决策下的服务水平小于集中决策下的服务水平。

证明 易得

$$\pi^* - \pi_\alpha^* = \frac{n^2v^2(n-4n\alpha+3n\alpha^2+2v\alpha^2)}{2(2v-n)[2v+2n(\alpha-1)]^2}$$

因为 $0<\alpha<1$ 且 $2v>n$,所以 $2v\alpha^2>n\alpha^2$,故有

$$n - 4n\alpha + 3n\alpha^2 + 2v\alpha^2 > n(2\alpha-1)^2 > 0$$

因此 $\pi^* - \pi_\alpha^* > 0$,即

$$\pi^* > \pi_\alpha^*$$

同理可得

$$s^* - s_\alpha^* = \frac{nv(n\alpha-n+2v\alpha)}{(2v-n)[2v+2n(\alpha-1)]}$$

因为 $0<\alpha<1$ 且 $2v>n$,所以 $2v\alpha>n\alpha$ 且 $2v+2n(\alpha-1)>0$,故有

$$n\alpha - n + 2v\alpha > 2n\alpha - n$$

又 $0<\alpha<1$,则当 $0<\alpha<\frac{1}{2}$ 时,$2n\alpha-n<0$,即

$$s^* < s_\alpha^*$$

当 $\frac{1}{2}<\alpha<1$ 时,$2n\alpha-n>0$,即

$$s^* > s_\alpha^*$$

由以上可得集中决策情形下的供应链系统利润大于分散决策情形下双方的利润之和,即分散决策下不能实现电信业供应链整体利润的最大化。同时,当 $0<\alpha<\frac{1}{2}$ 时,虽然分散决策下的服务水平大于集中决策下的服务水平,但此时电信运营商的分成比例小于电信代理商,所以这种情况下电信运营商处于不利状态,因此分散决策不能实现最优决策;同理,当 $\frac{1}{2}<\alpha<1$ 时,虽然电信运营商的分成比例大于电信代理商,但此时分散决策小于集中决策下的服务水平,说明电信代理商提高服务水平的积极性降低,因此仍然不能实现电信业供应链的最优决策,需要进一步进行协调。

3. 基于"业务分成 + 服务成本共担"的协调机制

为了实现电信业供应链的协调,使分散决策情形下的服务水平、电信业务价格

以及供应链系统总利润达到最优,考虑设计一个服务成本共担的契约模型,即在分散决策的基础上,运营商需承担一定比例$(1-\theta)$的代理商为提高服务水平而投入的资本。因此,电信运营商和电信代理商的利润函数表示如下:

$$\pi_{t\theta} = np\alpha \frac{v+s-p}{v} - (1-\theta)\frac{1}{2}s^2 - c_1 \quad (6-15)$$

$$\pi_{a\theta} = np(1-\alpha)\frac{v+s-p}{v} - \frac{1}{2}\theta s^2 - c_2 \quad (6-16)$$

根据逆推法,对式(6-15)和式(6-16)进行求解,可以得到p_θ^*和s_θ^*分别为

$$p_\theta^* = \frac{\theta^2 v^2 \alpha}{n(1-\alpha)^2 - n\theta(1-\alpha^2) + 2\theta^2 \alpha v} \quad (6-17)$$

$$s_\theta^* = \frac{n\theta v\alpha(1-\alpha)}{n(1-\alpha)^2 - n\theta(1-\alpha^2) + 2\theta^2 \alpha v} \quad (6-18)$$

命题6.4 如果采用"业务分成+服务成本共担"契约对电信代理渠道进行协调,则当契约参数(α,θ)满足$\theta = 1-\alpha$时,该契约下整个电信业供应链系统的利润等于集中决策时的利润。

证明 为了使整个电信业供应链系统实现协调,需要使契约协调下的决策与集中决策下的最优决策值相等,则令$p_\theta^* = p^*$且$s_\theta^* = s^*$,联立求解可得到$\theta = 1-\alpha$。从而计算出电信运营商和电信代理商的利润分别为

$$\pi_{t\theta}^* = \frac{n\alpha v^2}{2(2v-n)} - c_1 \quad (6-19)$$

$$\pi_{a\theta}^* = \frac{nv^2(1-\alpha)}{2(2v-n)} - c_2 \quad (6-20)$$

电信业供应链系统的总利润π_θ^*为双方的利润之和,则将式(6-19)和式(6-20)相加可得电信业供应链系统的总利润π_θ^*为

$$\pi_\theta^* = \pi_{t\theta}^* + \pi_{a\theta}^* = \frac{nv^2}{2(2v-n)} - c \quad (6-21)$$

对比集中决策下的情况易得$\pi_\theta^* = \pi^*$,即当$\theta = 1-\alpha$时,基于"业务分成+服务成本共担"的组合式契约能够使电信业供应链系统总利润达到集中决策下的利润。

命题6.5 在使用组合式契约后,当$\frac{1}{2} < \alpha < 1$时可以实现电信业供应链的协调,此时运营商利润$\pi_{t\theta}^*$和电信代理商利润$\pi_{a\theta}^*$满足$\pi_{t\theta}^* > \pi_{ta}^*$,$\pi_{a\theta}^* > \pi_{a\alpha}^*$。

证明 根据式(6-11)和式(6-19)可得

$$\pi_{t\theta}^* - \pi_{ta}^* = \frac{n\alpha v^2(2n\alpha - n)}{2(2v-n)[2v+2n(\alpha-1)]}$$

因为$2v > n$,所以$2v\alpha > n\alpha$且$2v+2n(\alpha-1) > 0$,故当$\frac{1}{2} < \alpha < 1$时,$2n\alpha - n > 0$,

从而
$$\pi_{t\theta}^* - \pi_{t\alpha}^* > 0$$
即
$$\pi_{t\theta}^* > \pi_{t\alpha}^*$$

同理,根据式(6-12)和式(6-20)可得
$$\pi_{a\theta}^* - \pi_{a\alpha}^* = \frac{nv^2(1-\alpha)(n^2 - 5n^2\alpha + 4n^2\alpha^2 + 2nv\alpha)}{2(2v-n)[2v+2n(\alpha-1)]^2}$$

因为 $2v > n$ 且 $0 < \alpha < 1$,所以 $2v\alpha > n\alpha$,故利用放缩法可得
$$n^2 - 5n^2\alpha + 4n^2\alpha^2 + 2nv\alpha > n^2(2\alpha-1)^2 > 0$$

从而
$$\pi_{a\theta}^* - \pi_{a\alpha}^* > 0$$
即
$$\pi_{a\theta}^* > \pi_{a\alpha}^*$$

由上可知 $\pi_{t\theta}^* > \pi_{t\alpha}^*$,$\pi_{a\theta}^* > \pi_{a\alpha}^*$,即当 $\theta = 1-\alpha$ 且 $\frac{1}{2} < \alpha < 1$ 时,与分散决策相比较,供应链中各成员的收益都实现了帕累托改进,所以在这种情况下双方愿意接受该契约,从而实现供应链的协调。

4. 数值算例分析

为了验证以上结论的正确性,下面通过数值算例进行分析。假设该模型的相关参数为 $n=10$,$v=8$,$c_1=5$,$c_2=5$,$c=10$,由命题6.4和命题6.5可假设 $\alpha=0.6$,则 $\theta=0.4$,相关结果见表6-1。

表6-1 电信业供应链的决策选择

决策类型	p	s	π_t	π_a	π
分散决策	8	6	19	3	22
集中决策	10.67	13.33	—	—	43.33
协调契约	10.67	13.33	27	16.33	43.33

由表6-1可以看出,集中决策下电信业供应链的整体收益、电信产品的价格及服务水平明显大于分散决策下的值,从而表明集中决策不仅能够实现供应链整体收益的最大化,还可以提高电信运营商对客户的服务水平。同时,与分散决策相比,在"业务分成+服务成本共担"组合式契约下,电信业供应链的整体收益达到了集中决策时的水平,各成员的收益均实现了帕累托改进,从而实现了电信业供应链的协调。

本节主要讨论了不考虑网络外部性时的电信业供应链协调策略问题,接下来我们进一步研究考虑网络外部性时该契约是否还能够实现电信业供应链的协调。

6.2.2 考虑网络外部性时的电信业供应链协调策略研究

1. 集中决策情形

如前所述,在集中决策情形下,电信运营商和电信代理商共同决定最优服务产品价格和最优服务水平,则整个电信业供应链系统的利润函数可以表示为

$$\pi = np\frac{v+s-p}{\beta} - \frac{1}{2}s^2 - c \tag{6-22}$$

命题 6.6 在集中决策情形下,电信业务的最优销售价格 p^* 和最优服务水平 s^* 分别为

$$p^* = \frac{v\beta}{2\beta - n} \tag{6-23}$$

$$s^* = \frac{nv}{2\beta - n} \tag{6-24}$$

整个电信业供应链系统的利润为

$$\pi^* = \frac{nv^2}{2(2\beta - n)} - c \tag{6-25}$$

其中 $\beta = v - n\delta, 2\beta - n > 0$。

证明 由式(6-22)可得

$$\frac{\partial \pi}{\partial p} = \frac{ns + nv - 2pn}{\beta}$$

$$\frac{\partial^2 \pi}{\partial^2 p} = \frac{-2n}{\beta} < 0$$

则供应链的整体利润关于电信业务的单位价格 p 的二阶导数小于零,即有极大值。

同理可得

$$\frac{\partial \pi}{\partial s} = \frac{pn}{\beta} - s$$

$$\frac{\partial^2 \pi}{\partial^2 s} = -1 < 0$$

则供应链的整体利润关于电信业务的服务水平 s 的二阶导数小于零,即有极大值。

由 $\frac{\partial \pi}{\partial p}$ 关于 p 的一阶导数可得

$$p' = \frac{v+s}{2}$$

将其代入式(6-22),由 $\frac{\partial \pi}{\partial s}$ 关于 s 的一阶导数可得最优的服务水平为

$$s^* = \frac{nv}{2\beta - n}$$

将 s^* 代入 p' 即可得到最优的价格为

$$p^* = \frac{v\beta}{2\beta - n}$$

将式(6-23)和式(6-24)代入式(6-22)可得供应链系统的总利润为

$$\pi^* = \frac{nv^2}{2(2\beta - n)} - c$$

命题 6.7 集中决策情形下电信业供应链的系统总利润 π^* 随着网络外部性强度 δ 的增大而增大,最优价格 p^* 随着网络外部性强度 δ 的增大而增大,最优服务水平 s^* 也随着网络外部性强度 δ 的增大而增大。

证明 由于

$$\beta = v - n\delta$$

故

$$\frac{\partial \pi^*}{\partial \delta} = \frac{4n^3 v^2}{(4v - 4n\delta - 2n)^2}$$

又因为 $v>0$ 且 $n>0$,所以

$$\frac{\partial \pi^*}{\partial \delta} = \frac{4n^3 v^2}{(4v - 4n\delta - 2n)^2} > 0$$

即 π^* 随着网络外部性强度 δ 的增大而增大。

同理可得

$$\frac{\partial p^*}{\partial \delta} = \frac{vn^2}{(2v - 2n\delta - n)^2}$$

又因为 $v>0$ 且 $n>0$,所以

$$\frac{\partial p^*}{\partial \delta} = \frac{n^2 v}{(2v - 2n\delta - n)^2} > 0$$

即 p^* 随着网络外部性强度 δ 的增大而增大。

同理可得

$$\frac{\partial s^*}{\partial \delta} = \frac{2n^2 v}{(2v - 2n\delta - n)^2}$$

又因为 $v>0$ 且 $n>0$,所以

$$\frac{\partial s^*}{\partial \delta} = \frac{2n^2 v}{(2v - 2n\delta - n)^2} > 0$$

即 s^* 随着网络外部性强度 δ 的增大而增大。

综上所述,集中决策情形下电信业供应链的系统总利润 π^*、最优价格 p^*、最

优服务水平 s^* 均随着网络外部性强度系数 δ 的增大而增大。

2. 分散决策情形

在分散决策情形下,电信运营商与电信代理商各自独立决策,以自身利益最大化作为决策目标。运用主从对策理论,假设双方进行的是 Stackelberg 博弈,其中电信运营商是主导者,而电信代理商是追随者。两者在业务分成契约下进行利益分配,记 $\pi_{t\alpha}$ 为电信运营商的利润函数, $\pi_{a\alpha}$ 为电信代理商的利润函数,则

$$\pi_{t\alpha} = np\alpha \frac{v+s-p}{v-n\delta} - c_1 \tag{6-26}$$

$$\pi_{a\alpha} = np(1-\alpha) \frac{v+s-p}{v-n\delta} - \frac{1}{2}s^2 - c_2 \tag{6-27}$$

利用逆推法对式(6-26)和式(6-27)进行求解,可以得到分散决策情形下电信业务的最优销售价格 p_α^* 和最优服务水平 s_α^* 分别为

$$p_\alpha^* = \frac{v\beta}{2\beta + 2n(\alpha-1)} \tag{6-28}$$

$$s_\alpha^* = \frac{nv(1-\alpha)}{2\beta + 2n(\alpha-1)} \tag{6-29}$$

为了使研究结果有意义,这里假定 $2\beta + 2n(\alpha-1) > 0$。将式(6-28)和式(6-29)代入式(6-26)和式(6-27)可得电信运营商和电信代理商的利润分别为

$$\pi_{t\alpha}^* = \frac{n\alpha v^2}{4[\beta + n(\alpha-1)]} - c_1 \tag{6-30}$$

$$\pi_{a\alpha}^* = nv^2 \frac{2(1-\alpha)(\beta + n\alpha - n) - n(1-\alpha)^2}{2[2\beta + 2n(\alpha-1)]^2} - c_2 \tag{6-31}$$

电信运营商和电信代理商利润之和为供应链系统的总利润,将其设为 π_α^*,由式(6-30)和式(6-31)可得供应链系统的总利润为

$$\pi_\alpha^* = \pi_{t\alpha}^* + \pi_{a\alpha}^* = \frac{nv^2[2\beta + 2n\alpha - 2n - n(1-\alpha)^2]}{2[2\beta + 2n(\alpha-1)]^2} - c \tag{6-32}$$

以上求出了在考虑网络外部性时分散决策情形下电信业务的最优服务水平、最优价格以及电信业供应链系统的总利润。

命题 6.8 在分散决策情形下,电信业供应链的整体利润比集中决策时要小,并且当 $0 < \alpha < \frac{1}{2}$ 时,分散决策时的服务水平大于集中决策时的服务水平;当 $\frac{1}{2} < \alpha < 1$ 时,分散决策时的服务水平小于集中决策时的服务水平。

证明 易得

$$\pi^* - \pi_\alpha^* = \frac{nv^2}{2} \frac{3n^2\alpha^2 + n^2 - 4n^2\alpha + 2\beta n\alpha^2}{(2\beta-n)[2\beta+2n(\alpha-1)]^2}$$

因为 $0 < \alpha < 1$ 且 $2\beta > n$,所以

$$2\beta\alpha^2 > n\alpha^2$$

又因为
$$3n^2\alpha^2 + n^2 - 4n^2\alpha + 2\beta n\alpha^2 = n(3n\alpha^2 + n - 4n\alpha + 2\beta\alpha^2)$$

所以
$$n(3n\alpha^2 + n - 4n\alpha + 2\beta\alpha^2) > n^2(2\alpha - 1)^2 > 0$$

故
$$\pi^* - \pi_\alpha^* > 0$$

即
$$\pi^* > \pi_\alpha^*$$

同理可得
$$s^* - s_\alpha^* = \frac{nv(n\alpha - n + 2\beta\alpha)}{(2\beta - n)(2\beta + 2n\alpha - 2n)}$$

因为 $2\beta > n$,所以 $2\beta\alpha > n\alpha$ 且 $2\beta + 2n(\alpha-1) > 0$,故利用放缩法可得
$$n\alpha - n + 2\beta\alpha > 2n\alpha - n$$

又 $0 < \alpha < 1$,则当 $0 < \alpha < \frac{1}{2}$ 时,$n(2\alpha - 1) < 0$,即
$$s^* < s_\alpha^*$$

当 $\frac{1}{2} < \alpha < 1$ 时,$n(2\alpha - 1) > 0$,即
$$s^* > s_\alpha^*$$

由以上可得集中决策情形下的供应链系统利润大于分散决策情形下双方的利润之和,即分散决策下不能实现电信业供应链系统整体利润的最大化。

3. 电信业供应链的协调机制

为了实现电信业供应链的协调,使分散决策情形下的服务水平、电信业务价格以及供应链系统总利润达到集中决策时的水平,考虑设计一个"业务分成+服务成本共担"的组合式契约,即在分散决策的基础上,运营商主动为代理商承担 $1-\theta$ 比例的为提高服务水平而投入的成本,这里的 $0 < \theta < 1$。因此,运营商和代理商的利润函数可分别表示如下:

$$\pi_{t\theta} = np\alpha\frac{v+s-p}{\beta} - (1-\theta)\frac{1}{2}s^2 - c_1 \tag{6-33}$$

$$\pi_{a\theta} = np(1-\alpha)\frac{v+s-p}{\beta} - \frac{1}{2}\theta s^2 - c_2 \tag{6-34}$$

利用逆推法对式(6-33)和式(6-34)进行求解,可以得到电信业务的最优定价 p_θ^* 和代理商的最优服务水平 s_θ^* 分别为

$$p_\theta^* = \frac{\beta v \alpha \theta^2}{2\alpha\beta\theta^2 + n\theta\alpha^2 - n\theta + n(1-\alpha)^2} \tag{6-35}$$

$$s_\theta^* = \frac{nv\alpha\theta(1-\alpha)}{2\alpha\beta\theta^2 + n\theta\alpha^2 - n\theta + n(1-\alpha)^2} \tag{6-36}$$

命题 6.9 在"业务分成+服务成本共担"的组合式契约下,当契约参数(α,θ)满足$\theta=1-\alpha$时,整个电信业供应链系统的利润等于集中决策时的利润。

证明 为了使在"业务分成+服务成本共担"的组合式契约下整个电信业供应链系统的利润达到集中决策时的水平,令$p_\theta^* = p^*$且$s_\theta^* = s^*$,联立求解即可得到$\theta=1-\alpha$。由以上可计算出电信运营商和电信代理商的利润分别为

$$\pi_{t\theta}^* = \frac{\alpha n v^2}{2(2\beta-n)} - c_1 \tag{6-37}$$

$$\pi_{a\theta}^* = \frac{nv^2(1-\alpha)}{2(2\beta-n)} - c_2 \tag{6-38}$$

供应链系统的总利润π_θ^*为双方的利润之和,将式(6-37)和式(6-38)代入可得供应链系统的总利润π_θ^*为

$$\pi_\theta^* = \pi_{t\theta}^* + \pi_{a\theta}^* = \frac{nv^2}{2(2\beta-n)} - c \tag{6-39}$$

对比集中决策易得$\pi_\theta^* = \pi^*$,即基于"业务分成+服务成本共担"的组合式契约能够使电信业供应链系统总利润达到集中决策时的水平。

命题 6.10 在使用组合式契约后,当$\frac{1}{2}<\alpha<1$时运营商的利润$\pi_{t\theta}^*$和代理商的利润$\pi_{a\theta}^*$分别满足$\pi_{t\theta}^* > \pi_{ta}^*$,$\pi_{a\theta}^* > \pi_{aa}^*$,此时可实现供应链的协调。

证明 根据式(6-30)和式(6-37)可得

$$\pi_{t\theta}^* - \pi_{ta}^* = \frac{n\alpha v^2}{2} \frac{2n\alpha - n}{(2\beta-n)(2\beta+2n\alpha-2n)}$$

因为$2\beta-n>0$,$2\beta+2n\alpha-2n>0$且$\frac{1}{2}<\alpha<1$,所以

$$2n\alpha - n = n(2\alpha-1) > 0$$

故

$$\pi_{t\theta}^* - \pi_{ta}^* > 0$$

同理,根据式(6-31)和式(6-38)可得

$$\pi_{a\theta}^* - \pi_{aa}^* = \frac{nv^2(1-\alpha)}{2} \frac{n^2 - 5n^2\alpha + 4n^2\alpha^2 + 2n\alpha\beta}{(2\beta-n)(2\beta+2n\alpha-2n)^2}$$

因为

$$n>0, \quad \frac{1}{2}<\alpha<1$$

所以

$$\frac{nv^2(1-\alpha)}{2} > 0$$

又因为

$$2\beta > n$$

所以

$$2\beta\alpha > n\alpha$$

故利用放缩法可得

$$n(n - 5n\alpha + 4n\alpha^2 + 2\alpha\beta) > n^2(2\alpha - 1)^2 > 0$$

因此

$$\pi_{a\theta}^* - \pi_{a\alpha}^* > 0$$

由上述分析可知 $\pi_{t\theta}^* > \pi_{ta}^*$ 且 $\pi_{a\theta}^* > \pi_{a\alpha}^*$，即在"业务分成 + 服务成本共担"组合契约下，供应链系统中各成员的收益都有所增加。以上分析表明，在考虑网络外部性时，"业务分成 + 服务成本共担"组合契约仍然能够实现电信业供应链的协调。

4. 数值算例分析

为了验证以上结论的正确性，下面通过数值算例进行分析。假设该模型的相关参数为 $n=10, v=8, c_1=5, c_2=5, c=10$，由 $\delta \in (0, (2v-n)/2n)$ 的限制条件可得 $\delta \in (0, 0.3)$。根据集中决策下的结论，可以求得不同网络外部性强度系数 δ 下对应的供应链系统的总利润（见表6-2）；根据分散决策下的结论，可以求得不同网络外部性强度系数 δ 下电信运营商与电信代理商的利润及供应链系统的总利润（见表6-3）；当采用"业务分成 + 服务成本共担"组合契约进行协调时，协调后的电信运营商与电信代理商各自的利润及电信业供应链系统的总利润见表6-4。

表6-2 集中决策情形下供应链系统的整体利润随 δ、α、θ 的变化情况

δ	0.05	0.1	0.15	0.2
α	0.55	0.6	0.65	0.7
θ	0.45	0.4	0.35	0.3
π^*	54	70	96.7	150

表6-3 分散决策情形下各成员利润随 δ、α、θ 的变化情况

δ	0.05	0.1	0.15	0.2
α	0.55	0.6	0.65	0.7
θ	0.45	0.4	0.35	0.3
π_t^*	24.3	27	29.7	32.3
π_a^*	1	2.1	2.8	3
π_s^*	25.3	29.1	32.5	35.3

表6-4 协调后各成员利润随 δ、α、θ 的变化情况

δ	0.05	0.1	0.15	0.2
α	0.55	0.6	0.65	0.7
θ	0.45	0.4	0.35	0.3
π_t^*	30.2	43	64.4	107
π_a^*	23.8	27	32.3	43
π_θ^*	54	70	96.7	150

对表中的数据进行对比可以看出,当 δ、α 和 θ 在一定取值范围内 $\left(即 \delta \in \left(0, \frac{2v-n}{2n}\right), \alpha \in \left(\frac{1}{2}, 1\right), \theta \in \left(0, \frac{1}{2}\right)\right)$ 合理取值时能够实现电信业供应链系统各节点企业的合作共赢。如当 $\delta=0.05$,$\alpha=0.55$,$\theta=0.45$ 时,分散决策下运营商的利润 $\pi_{ta}^*=24.3$,协调后运营商的利润 $\pi_{t\theta}^*=30.2$,分散决策下电信代理商的利润 $\pi_{aa}^*=1$,协调后电信代理商的利润 $\pi_{a\theta}^*=23.8$,且分散决策下电信业供应链系统总利润 $\pi_a^*=25.3$,协调后供应链系统总利润 $\pi_\theta^*=54$;同理,当 $\delta=0.1$,$\alpha=0.6$,$\theta=0.4$ 时,分散决策下运营商的利润 $\pi_{ta}^*=27$,协调后运营商的利润 $\pi_{t\theta}^*=43$,分散决策下电信代理商的利润 $\pi_{aa}^*=2.1$,协调后电信代理商的利润 $\pi_{a\theta}^*=27$,且此时分散决策下电信业供应链系统总利润 $\pi_a^*=29.1$,协调后供应链系统总利润 $\pi_\theta^*=70$。

由以上数据可知,协调后电信业供应链系统的各个节点企业利润高于分散决策下各节点企业的利润,且总利润也高于分散决策下系统总利润,此时能够实现电信代理渠道的协调。

6.3 不同情形下电信业供应链利润的比较分析

由上文可以得出不考虑网络外部性时,协调后电信运营商的利润、电信代理商的利润以及电信业供应链的总体利润分别为

$$\pi_{t\theta}^* = \frac{n\alpha v^2}{2(2v-n)} - c_1 \tag{6-40}$$

$$\pi_{a\theta}^* = \frac{nv^2(1-\alpha)}{2(2v-n)} - c_2 \tag{6-41}$$

$$\pi_\theta^* = \pi_{t\theta}^* + \pi_{a\theta}^* = \frac{nv^2}{2(2v-n)} - c \tag{6-42}$$

考虑网络外部性时,协调后电信运营商的利润、电信代理商的利润以及电信业

供应链的总体利润分别为

$$\pi_{t\theta}^* = \frac{\alpha n v^2}{2(2\beta - n)} - c_1 \tag{6-43}$$

$$\pi_{a\theta}^* = \frac{n v^2 (1-\alpha)}{2(2\beta - n)} - c_2 \tag{6-44}$$

$$\pi_{\theta}^* = \pi_{t\theta}^* + \pi_{a\theta}^* = \frac{n v^2}{2(2\beta - n)} - c \tag{6-45}$$

为方便计算,在这里假设不考虑网络外部性时电信运营商的利润为 π_t,电信代理商的利润为 π_a,电信业供应链的总利润为 π;考虑网络外部性时电信运营商的利润为 π_t',电信代理商的利润为 π_a',电信业供应链的总利润为 π'。

由前文中的假设知

$$\beta = v - n\delta, \quad n > 0, \quad \delta \in (0, (2v-n)/2n)$$

将两种情形下的利润进行比较,则可以得出

$$\pi_t - \pi_t' = \frac{n\alpha v^2}{2(2v-n)} - \frac{n\alpha v^2}{2(2v-n-2n\delta)} < 0$$

$$\pi_a - \pi_a' = \frac{n v^2 (1-\alpha)}{2(2v-n)} - \frac{n v^2 (1-\alpha)}{2(2v-n-2n\delta)} < 0$$

即

$$\pi_t < \pi_t'$$
$$\pi_a < \pi_a'$$

故

$$\pi < \pi'$$

由以上分析可知,考虑网络外部性时的利润比不考虑网络外部性时的利润要大,即网络外部性的客观存在对于电信业供应链各成员的利润以及电信业供应链系统的总体利润是有促进作用的,所以决策者在进行决策时应该充分考虑这一特性,做出合理的决策。

第7章 网络外部性下基于特许经营契约的电信业供应链协调策略

本章考虑由单个电信运营商和单个手机终端制造商组成的电信业供应链系统,研究手机终端制造商的最优手机批发价格、运营商的最优手机销售价格和最优销售努力水平,以及在不考虑网络外部性和考虑网络外部性两种情形下供应链的协调问题。

7.1 基本模型

考虑由单个手机终端制造商和单个电信运营商组成的电信业供应链系统,假设手机终端制造商的单位产品成本价为 c,批发价为 $w,w>c$,电信运营商根据市场需求 D 向制造商订货,再以零售价 p' 将产品销售给消费者。为了增加产品销量,电信运营商会采取一些销售努力措施,如广告投入、销售人员培训等,以激励消费者购买手机,从而提高自身收益。假设电信运营商的销售努力水平为 e,两者之间进行的是动态的 Stackelberg 博弈,手机终端制造商为博弈的主导者,电信运营商为跟随者。

根据市场需求函数模型,假设市场需求 D 与电信运营商的售价 p' 和销售努力水平 e 呈线性关系,将其表示为 $D = a - p' + \beta e$,其中 a 为市场潜在需求,β 为销售努力水平的弹性系数。电信运营商在销售产品的过程中会产生相应的销售努力成本,假设销售努力成本函数的形式为 $\frac{ke^2}{2}$,其中 k 为电信运营商的努力成本系数($k>0$),为简化运算,这里假设 $k=1$。当供应链中考虑网络外部性时,终端产品的价格 p 满足 $p = \delta D + p'$,根据 $D = a - p' + \beta e$ 求解 p',再将 p' 代回上式可得 $D(p) = \frac{a - p + \beta e}{1 - \delta}$,其中 $D(p)$ 表示市场价格为 p 时的需求量,$\delta \in (0, 1 - \beta^2)$ 为网络外部性强度。

7.2 不同情形下的电信业供应链协调研究

7.2.1 不考虑网络外部性时基于特许经营契约的电信业供应链协调研究

1. 集中决策情形

在集中决策情形下,我们讨论电信业供应链系统的总体利润,手机终端制造商和电信运营商合作确定手机终端的最优销售价格 p^{c^*} 与最优销售努力水平 e^{c^*}。电信业供应链系统的利润可表示为

$$\pi = (p - c)(a - p + \beta e) - \frac{e^2}{2} \tag{7-1}$$

对上式求 p 和 e 的二阶导数,可得 $\frac{\partial^2 \pi}{\partial^2 p} = -2 < 0$, $\frac{\partial^2 \pi}{\partial^2 e} = -1 < 0$,所以 π 是关于 p 和 e 的二元联合凹函数,则电信业供应链最优的产品销售价格 p^{c^*} 和最优销售努力水平 e^{c^*} 可由以下命题给出。

命题 7.1 在集中决策下,供应链系统最优的产品销售价格 p^{c^*} 和最优销售努力水平 e^{c^*} 分别为

$$p^{c^*} = \frac{a + c(1 - \beta^2)}{2 - \beta^2} \tag{7-2}$$

$$e^{c^*} = \frac{(a - c)\beta}{2 - \beta^2} \tag{7-3}$$

供应链系统的总利润为

$$\pi^{c^*} = \frac{(a - c)^2}{2(2 - \beta^2)} \tag{7-4}$$

证明 对式(7-1)分别求解 p 和 e 的一阶导数并令其等于零,得

$$a - 2p + \beta e + c = 0 \tag{7-5}$$

$$(p - c)\beta - e = 0 \tag{7-6}$$

联立式(7-5)和式(7-6),即可得

$$p^{c^*} = \frac{a + c(1 - \beta^2)}{2 - \beta^2}$$

$$e^{c^*} = \frac{(a - c)\beta}{2 - \beta^2}$$

将 p^{c^*}、e^{c^*} 代入式(7-1)求得此时电信业供应链整体的最大利润为

$$\pi^{c^*} = \frac{(a-c)^2}{2(2-\beta^2)}$$

所以命题 7.1 得证。

2. 分散决策情形

在分散决策情形下,手机终端制造商和电信运营商均以自身利益最大化为目标进行决策,此时双方的利润函数分别为

$$\pi_M = (w-c)(a-p+\beta e) \tag{7-7}$$

$$\pi_T = (p-w)(a-p+\beta e) - \frac{e^2}{2} \tag{7-8}$$

命题 7.2 在分散决策情形下,最优批发价 w^{D^*}、最优售价 p^{D^*} 和最优的销售努力水平 e^{D^*} 分别为

$$w^{D^*} = \frac{a+c}{2} \tag{7-9}$$

$$p^{D^*} = \frac{(3a+c) - \beta^2(a+c)}{2(2-\beta^2)} \tag{7-10}$$

$$e^{D^*} = \frac{\beta(a-c)}{2(2-\beta^2)} \tag{7-11}$$

此时手机终端制造商的利润 $\pi_M^{D^*}$ 和电信运营商的利润 $\pi_T^{D^*}$ 分别为

$$\pi_M^{D^*} = \frac{(a-c)^2}{4(2-\beta^2)} \tag{7-12}$$

$$\pi_T^{D^*} = \frac{(a-c)^2}{8(2-\beta^2)} \tag{7-13}$$

电信业供应链系统的利润为

$$\pi^{D^*} = \pi_M^{D^*} + \pi_T^{D^*} = \frac{3(a-c)^2}{8(2-\beta^2)} \tag{7-14}$$

证明 根据前面的假设,手机终端制造商和电信运营商之间进行的是动态的 Stackelberg 博弈,手机终端制造商为领导者,电信运营商为跟随者。

利用逆推法求解,由式(7-8)易证明 π_T 是关于 p 和 e 的联合凹函数。对式(7-8)求出关于终端产品的销售价格 p 和销售努力水平 e 的一阶偏导数并分别令其等于零,联立求解可得

$$p^{D'} = \frac{a + w(1-\beta^2)}{2-\beta^2} \tag{7-15}$$

$$e^{D'} = \frac{\beta(a-w)}{2-\beta^2} \tag{7-16}$$

将以上两个式子代入式(7-7)可得

$$\pi_M^{D'} = \frac{(w-c)(a-w)}{2-\beta^2} \tag{7-17}$$

由上式可得

$$\frac{\partial^2 \pi_M^{D'}}{\partial^2 w} = -\frac{2}{2-\beta^2} < 0$$

这说明 $\pi_M^{D'}$ 是关于 w 的凹函数,可以求得

$$w^{D^*} = \frac{a+c}{2}$$

将其代入式(7-15)和式(7-16)可进一步求得

$$p^{D^*} = \frac{(3a+c)-\beta^2(a+c)}{2(2-\beta^2)}$$

$$e^{D^*} = \frac{\beta(a-c)}{2(2-\beta^2)}$$

将 w^{D^*}、p^{D^*} 与 e^{D^*} 代入式(7-7)和式(7-8)可得

$$\pi_M^{D^*} = \frac{(a-c)^2}{4(2-\beta^2)}$$

$$\pi_T^{D^*} = \frac{(a-c)^2}{8(2-\beta^2)}$$

从而得

$$\pi^{D^*} = \pi_M^{D^*} + \pi_T^{D^*} = \frac{3(a-c)^2}{8(2-\beta^2)}$$

所以命题 7.2 得证。

下面对两种决策情形下的最优结果进行比较,为了便于比较分析,这里令 Δp、Δe、$\Delta \pi$ 分别表示电信业供应链中终端产品售价、销售努力水平和电信业供应链系统利润在集中决策和分散决策下的差值,由前面的计算结果可得

$$\begin{cases} \Delta p = \dfrac{(\beta^2-1)(a-c)}{2(2-\beta^2)} \\ \Delta e = \dfrac{\beta(a-c)}{2(2-\beta^2)} \\ \Delta \pi = \dfrac{(a-c)^2}{8(2-\beta^2)} \end{cases} \tag{7-18}$$

推论 7.1 由前文假设可知 $0<\beta<1, a>c>0$,则:① $\Delta p<0$,即比较两种决策模型,集中决策下终端产品的销售价格相对较小;② $\Delta e>0, \Delta \pi>0$,即集中决策相比分散决策,电信运营商的销售努力水平和电信业供应链系统的总利润都相对较高。

推论 7.1 表明,分散决策不能够实现电信业供应链的收益最大化,进而影响到供应链的协调。因此,如何设计合理的供应链契约以实现电信业供应链的协调,是

需要进一步讨论的问题。

3. 协调契约研究

（1）销售努力成本共担契约。为了使分散决策下终端产品价格与销售努力水平同时达到集中决策下的最优值，首先尝试采用销售努力成本共担契约，即手机终端制造商和电信运营商共同承担销售努力成本。将手机终端制造商分担电信运营商销售努力成本的比例设为 $\lambda(0<\lambda<1)$，则电信运营商分担销售努力成本的比例为 $1-\lambda$。故双方的利润函数分别为

$$\pi_M = (w-c)(a-p+\beta e) - \frac{\lambda e^2}{2} \tag{7-19}$$

$$\pi_T = (p-w)(a-p+\beta e) - (1-\lambda)\frac{e^2}{2} \tag{7-20}$$

命题 7.3 销售努力成本共担契约不能实现电信业供应链的协调。

证明 采用逆向求解法，先求出销售努力成本共担契约下电信运营商的最优定价 p'，则

$$p' = \frac{a+\beta e' + w}{2} \tag{7-21}$$

分别取 $p'=p^{c^*}, e'=e^{c^*}$，即在销售努力成本共担契约下，市场价格与销售努力水平均和集中决策下的一致，将 p^{c^*}、e^{c^*} 代入式(7-21)可得

$$w' = c$$

将 $w'=c$ 代入 π_M 可得手机终端制造商的利润为

$$\pi'_M = -\frac{\lambda e^2}{2} \tag{7-22}$$

无论 λ 取何值，π'_M 仍然小于零。因此终端制造商不愿与电信运营商分担销售努力成本，则销售努力成本共担契约不能实现电信业供应链的协调。所以命题7.3得证。

（2）特许经营契约。由以上命题可知单独的销售努力成本共担契约不能够实现电信业供应链的协调，接下来尝试利用特许经营契约来协调供应链。这里的特许经营契约是指手机终端制造商愿以较低价 w（接近或等于 c）出售产品给电信运营商，销售完成后，运营商支付一定的固定转移支付 F 给制造商作为补偿，该契约记为 (w,F)。此时双方的利润函数为

$$\pi_M = (w-c)(a-p+\beta e) + F \tag{7-23}$$

$$\pi_T = (p-w)(a-p+\beta e) - \frac{e^2}{2} - F \tag{7-24}$$

命题 7.4 当 $\frac{(a-c)^2}{4(2-\beta^2)} \leqslant F \leqslant \frac{3(a-c)^2}{8(2-\beta^2)}$ 且 $w'=c$ 时，双方都能够接受特许经

营契约(w,F),该契约能够实现电信业供应链的协调。

证明 采用逆向求解法,先求出 π_T 对 p 的一阶导数最优解

$$p' = \frac{a + \beta e' + w}{2} \tag{7-25}$$

分别取 $p' = p^{c^*}$,$e' = e^{c^*}$,也就是在特许经营契约下,最终产品的市场价格及销售努力水平都取为集中决策下的值,将 p^{c^*}、e^{c^*} 代入式(7-25)可得

$$w^* = c$$

将其代入 π_M 和 π_T 可得手机终端制造商和电信运营商的利润函数分别为

$$\pi_M^* = F \tag{7-26}$$

$$\pi_T^* = \frac{(a-c)^2}{2(2-\beta^2)} - F \tag{7-27}$$

电信业供应链系统的总利润为

$$\pi^* = \frac{(a-c)^2}{2(2-\beta^2)} \tag{7-28}$$

由以上可得

$$\pi^* = \pi^{c^*}$$

即特许经营契约下电信业供应链可以实现供应链整体利润的最大化。

同时,双方接受该契约的前提条件是协调后双方的收益均不小于分散决策下的收益,即 F 的取值需满足以下条件:

$$\begin{cases} \pi_M^* \geqslant \pi_M^{D^*} \\ \pi_T^* \geqslant \pi_T^{D^*} \end{cases} \tag{7-29}$$

将 p^{c^*}、e^{c^*} 代入可得

$$\frac{(a-c)^2}{4(2-\beta^2)} \leqslant F \leqslant \frac{3(a-c)^2}{8(2-\beta^2)}$$

所以命题 7.4 得证。

因此,特许经营契约能够发挥协调作用的必要条件是 $w' = c$,且 $\frac{(a-c)^2}{4(2-\beta^2)} \leqslant F \leqslant \frac{3(a-c)^2}{8(2-\beta^2)}$ 时,双方收益提升且共同承担风险。

4. 数值算例分析

为了验证上述结论的正确性,下面通过数值算例进行分析。根据上文,假设该模型相关参数的取值分别为 $a = 10, c = 8, \beta = 0.2$,供应链的决策结果如表 7-1 所示。结合命题 7.4 及以上赋值可得 $F \in (0.51, 0.77)$,这里取 $F = 0.7$。

表 7-1　不同决策情形下电信业供应链的决策结果

决策情形 \ 指标	p	e	w	π_M	π_T	π
集中决策	9.02	0.2	—	—	—	1.02
分散决策	9.51	0.1	9	0.51	0.26	0.77
特许经营契约	9.02	0.2	8	0.7	0.32	1.02

结合上表的计算结果可以看出,集中决策情形下电信运营商具有更高的销售努力水平,而终端产品的销售价格 p 则比分散决策时要低。当 $F\in(0.51,0.77)$ 时,借助于特许经营契约,电信业供应链系统的整体利润及供应链各成员的利润均较分散决策时有了提升,并且协调后的总利润等于集中决策时电信业供应链系统的总利润,所以特许经营契约实现了电信业供应链的协调。

以上研究了不考虑网络外部性时的电信业供应链协调问题,接下来我们将研究考虑网络外部性时该契约是否仍然能够实现供应链的协调。

7.2.2　考虑网络外部性时基于特许经营契约的电信业供应链协调研究

1. 集中决策情形

在集中决策情形下,我们讨论电信业供应链系统的利润、终端产品的最优销售价格 p^{c^*} 与最优销售努力水平 e^{c^*}。电信业供应链系统的利润可表示为

$$\pi^c = (p-c)\frac{a-p+\beta e}{1-\delta} - \frac{e^2}{2} \tag{7-30}$$

对上式求 p 和 e 的二阶导数,可得

$$\frac{\partial^2 \pi^c}{\partial^2 p} = -\frac{2}{1-\delta} < 0$$

$$\frac{\partial^2 \pi^c}{\partial^2 e} = -1 < 0$$

所以 π^c 是关于 p 和 e 的二元凹函数,我们有以下结论。

命题 7.5　在集中决策情形下,终端产品的最优销售价格 p^{c^*} 和电信运营商的最优销售努力水平 e^{c^*} 以及供应链系统的利润分别为

$$p^{c^*} = \frac{(1-\delta)(a+c)-\beta^2 c}{2(1-\delta)-\beta^2} \tag{7-31}$$

$$e^{c^*} = \frac{\beta(a-c)}{2(1-\delta)-\beta^2} \tag{7-32}$$

$$\pi^{c^*} = \frac{(a-c)^2}{2(2(1-\delta)-\beta^2)} \tag{7-33}$$

证明 对式(7-30)分别求解 p 和 e 的一阶导数并令其等于零,得到

$$\frac{a-2p+\beta e+c}{1-\delta} = 0 \tag{7-34}$$

$$\frac{\beta(p-c)}{1-\delta} - e = 0 \tag{7-35}$$

联立式(7-34)和式(7-35),即可得

$$p^{c^*} = \frac{(1-\delta)(a+c)-\beta^2 c}{2(1-\delta)-\beta^2}$$

$$e^{c^*} = \frac{\beta(a-c)}{2(1-\delta)-\beta^2}$$

将 p^{c^*}、e^{c^*} 代入式(7-30)求得此时电信业供应链系统的利润为

$$\pi^{c^*} = \frac{(a-c)^2}{2[2(1-\delta)-\beta^2]}$$

所以命题7.5得证。

2. 分散决策情形

在分散决策情形下,手机终端制造商和电信运营商均以自身利益最大化为目标进行决策,此时双方的利润函数分别为

$$\pi_M = (w-c)\frac{a-p+\beta e}{1-\delta} \tag{7-36}$$

$$\pi_T = (p-w)\frac{a-p+\beta e}{1-\delta} - \frac{e^2}{2} \tag{7-37}$$

命题7.6 在分散决策情形下,手机终端制造商的最优批发价 w^{D^*}、电信运营商的最优销售价格 p^{D^*} 和最优的销售努力水平 e^{D^*} 分别为

$$w^{D^*} = \frac{a+c}{2} \tag{7-38}$$

$$p^{D^*} = \frac{(1-\delta)(3a+c)-(a+c)\beta^2}{2[2(1-\delta)-\beta^2]} \tag{7-39}$$

$$e^{D^*} = \frac{\beta(a-c)}{2[2(1-\delta)-\beta^2]} \tag{7-40}$$

此时手机终端制造商的利润 $\pi_M^{D^*}$ 和电信运营商的利润 $\pi_T^{D^*}$ 分别为

$$\pi_M^{D^*} = \frac{(a-c)^2}{4[2(1-\delta)-\beta^2]} \tag{7-41}$$

$$\pi_T^{D^*} = \frac{(a-c)^2}{8[2(1-\delta)-\beta^2]} \tag{7-42}$$

电信业供应链系统的利润为

$$\pi^{D^*} = \pi_M^{D^*} + \pi_T^{D^*} = \frac{3(a-c)^2}{8[2(1-\delta)-\beta^2]} \tag{7-43}$$

证明 假设手机终端制造商和电信运营商之间进行的是动态的 Stackelberg 博弈,手机终端制造商为领导者,电信运营商为跟随者。利用逆推法求解,由式(7-37)易证明 π_t 是关于 p 和 e 的联合凹函数。对于式(7-37),求出关于终端产品的价格 p 和销售努力水平 e 的一阶偏导数,分别令其等于零并联立,可得

$$e^{D'} = \frac{\beta(a-w)}{2(1-\delta)-\beta^2} \tag{7-44}$$

$$p^{D'} = \frac{(1-\delta)(a+w)-w\beta^2}{2(1-\delta)-\beta^2} \tag{7-45}$$

将上述两个式子代入式(7-36)可得

$$\pi_M^{D'} = \frac{(w-c)(a-w)}{2(1-\delta)-\beta^2} \tag{7-46}$$

由上式可得

$$\frac{\partial^2 \pi_M^{D'}}{\partial^2 w} = -\frac{2}{2(1-\delta)-\beta^2} < 0$$

这说明 $\pi_M^{D'}$ 是关于 w 的凹函数,可得

$$w^{D^*} = \frac{a+c}{2}$$

将其代入式(7-44)和式(7-45)可进一步求得

$$p^{D^*} = \frac{(1-\delta)(3a+c)-(a+c)\beta^2}{2[2(1-\delta)-\beta^2]}$$

$$e^{D^*} = \frac{\beta(a-c)}{2[2(1-\delta)-\beta^2]}$$

将 w^{D^*}、p^{D^*} 与 e^{D^*} 代入式(7-36)和式(7-37)可得

$$\pi_M^{D^*} = \frac{(a-c)^2}{4[2(1-\delta)-\beta^2]}$$

$$\pi_T^{D^*} = \frac{(a-c)^2}{8[2(1-\delta)-\beta^2]}$$

从而得出

$$\pi^{D^*} = \pi_M^{D^*} + \pi_T^{D^*} = \frac{3(a-c)^2}{8[2(1-\delta)-\beta^2]}$$

所以命题 7.6 得证。

下面对两种决策模型下的最优结果进行比较,为了便于比较分析,这里令 Δp、Δe、$\Delta \pi$ 分别表示电信业供应链中终端产品售价、运营商的销售努力水平和电信业供应链系统利润在集中决策和分散决策情形下的差值,即

$$\begin{cases} \Delta p = \dfrac{[\beta^2 - (1-\delta)](a-c)}{2[2(1-\delta) - \beta^2]} \\ \Delta e = \dfrac{\beta(a-c)}{2[2(1-\delta) - \beta^2]} \\ \Delta \pi = \dfrac{(a-c)^2}{8[2(1-\delta) - \beta^2]} \end{cases} \quad (7\text{-}47)$$

推论 7.2 由前文假设可知 $\beta^2 < 1-\delta, a > c > 0$，则：① $\Delta p < 0$，即比较两种决策情形，集中决策情形下终端产品的销售价格相对较小；② $\Delta e > 0, \Delta \pi > 0$，即同分散决策情形相比，集中决策情形下电信运营商的销售努力水平和电信业供应链系统的利润都有所提高。

推论 7.2 表明，分散决策不能够实现电信业供应链的收益最大化，进而影响到供应链的协调。因此，如何设计合理的供应链契约以实现电信业供应链的协调，是需要进一步讨论的问题。

3. 协调契约研究

（1）销售努力成本共担契约。为了使分散决策情形下终端产品价格与销售努力水平同时达到集中决策情形下的最优值，首先尝试采用销售努力成本共担契约对供应链进行协调。将手机终端制造商分担电信运营商销售努力成本的比例设为 $\lambda \in (0,1)$，则电信运营商分担销售努力成本的比例为 $1-\lambda$。双方的利润函数分别为

$$\pi_M = (w-c)\frac{a-p+\beta e}{1-\delta} - \frac{\lambda e^2}{2} \quad (7\text{-}48)$$

$$\pi_T = (p-w)\frac{a-p+\beta e}{1-\delta} - (1-\lambda)\frac{e^2}{2} \quad (7\text{-}49)$$

命题 7.7 销售努力成本共担契约不能实现电信业供应链的协调。

证明：采用逆推法求解，先求出 π_T 对 p 的一阶导，并求出电信运营商对终端产品的最优定价为

$$p' = \frac{a + \beta e' + w}{2} \quad (7\text{-}50)$$

分别令 $p' = p^{c^*}, e' = e^{c^*}$，即在销售努力成本共担契约下，终端产品的销售价格与运营商的销售努力水平均和集中决策情形下保持一致，将 p^{c^*}、e^{c^*} 代入式 (7-50) 得

$$w' = c$$

将 $w' = c$ 代入式 (7-48) 得手机终端制造商的利润为

$$\pi'_M = -\frac{\lambda e^2}{2} \quad (7\text{-}51)$$

无论 $\lambda(0<\lambda<1)$ 取何值，π'_M 都小于零。因此终端制造商不愿与电信运营商分担销售努力成本，则销售努力成本共担契约不能实现电信业供应链的协调。所以命题 7.7 得证。

（2）特许经营契约。由以上命题可知销售努力成本共担契约无法实现电信供应链的协调，接下来尝试运用特许经营契约来实现供应链的协调。这里的特许经营契约是指手机终端制造商愿以较低价 w（接近或等于 c）出售产品给电信运营商，销售完成后，运营商支付一定的固定转移支付 F 给制造商作为补偿，该契约记为 (w, F)。此时双方的利润函数分别为

$$\pi_M = (w - c)\frac{a - p + \beta e}{1 - \delta} + F \tag{7-52}$$

$$\pi_T = (p - w)\frac{a - p + \beta e}{1 - \delta} - \frac{e^2}{2} - F \tag{7-53}$$

命题 7.8 当 $\frac{(a-c)^2}{4[2(1-\delta)-\beta^2]} \leqslant F \leqslant \frac{3(a-c)^2}{8[2(1-\delta)-\beta^2]}$ 且 $w' = c$ 时，双方都愿意接受特许经营契约 (w, F)，该契约能够实现电信业供应链的协调。

证明 采用逆向求解法，先求出 π_T 对 p 的一阶导数并令其等于零，可得终端产品的最优销售价格为

$$p' = \frac{a + \beta e' + w}{2} \tag{7-54}$$

分别令 $p' = p^{c^*}$，$e' = e^{c^*}$，也就是在特许经营契约下，终端产品的销售价格及运营商的销售努力水平都和集中决策情形下的取值相等，将 p^{c^*}、e^{c^*} 代入式(7-54)得 $w' = c$，将其代入 π_M 和 π_T 得手机终端制造商和电信运营商的利润函数分别为

$$\pi_M^* = F \tag{7-55}$$

$$\pi_T^* = \frac{(a-c)^2}{2[2(1-\delta)-\beta^2]} - F \tag{7-56}$$

电信业供应链系统的总利润为

$$\pi^* = \frac{(a-c)^2}{2[2(1-\delta)-\beta^2]} \tag{7-57}$$

由以上可得

$$\pi^* = \pi^{C*}$$

即特许经营契约下电信业供应链可以实现整体利润的最大化。

同时，双方接受该契约的前提条件是协调后双方的利润均不小于分散决策下的利润，即 F 的取值需满足以下条件：

$$\begin{cases} \pi'_M \geqslant \pi_M^{D*} \\ \pi'_T \geqslant \pi_T^{D*} \end{cases} \tag{7-58}$$

将 p^{c^*}、e^{c^*} 代入可得

$$\frac{(a-c)^2}{4[2(1-\delta)-\beta^2]} \leqslant F \leqslant \frac{3(a-c)^2}{8[2(1-\delta)-\beta^2]}$$

所以命题 7.4 得证。

4. 数值算例分析

为了验证上述结论的正确性,下面通过数值算例进行分析。根据上文可假设该模型下相关参数的取值分别为 $a=10, c=8, \delta=0.5, \beta=0.2$,供应链的决策结果如表 7-2 所示。结合命题 7.4 及以上赋值,可得 $F \in (1.04, 1.56)$,令 $F=1.5$。

表 7-2　不同决策情形下电信业供应链的决策结果

决策情形\指标	p	e	w	π_M	π_T	π
集中决策	9	0.42	—	—	—	2.08
分散决策	9.52	0.21	9	1.04	0.52	1.56
特许经营契约	9	0.42	8	1.5	0.58	2.08

结合上表的计算结果可以看出,集中决策情形下电信运营商具有更高的销售努力水平,而终端产品的销售价格 p 则比分散决策时要低。当 $F \in (1.04, 1.56)$ 时,借助于特许经营契约,电信业供应链系统的整体利润及供应链各成员的利润均较分散决策时有了提升,并且协调后的总利润等于集中决策时电信业供应链系统的总利润,所以特许经营契约实现了电信业供应链的协调。

图 7-1 反映的是集中决策和分散决策情形下电信业供应链系统利润随着网络外部性强度 δ 变化时的变化情形。

由图 7-1 可以看出,电信业供应链系统利润及供应链各成员的利润均随着网络外部性强度的增大而增大。这是因为随着 δ 的增大,消费者获得的用户体验度越来越好,消费者群体规模就会增大,这有利于电信业供应链各成员实现利润的增长。由于网络外部性是客观存在的,故决策者在进行决策时应充分考虑这一特性,做出合理的决策。

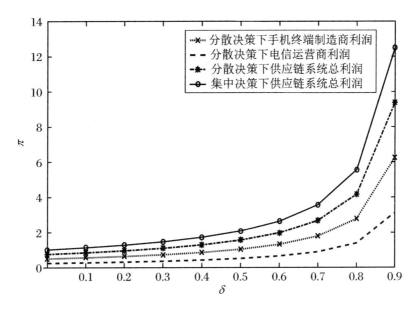

图 7-1 集中和分散决策下电信业供应链的利润随网络外部性强度变化时的变化情况

第8章 电信业供应链创新激励问题研究

本章研究电信业供应链的创新激励问题。创新是企业生存和发展的动力,对于处在行业变革时期的电信产业,其产品创新性尤为重要。在电信业供应链中,产品和服务的创新离不开成员间的密切合作,而合理的激励机制在鼓励企业增加创新投入、促进行业健康发展方面起着至关重要的作用。基于此,本章研究电信业供应链中的创新激励问题,主要内容分为以下三部分:首先研究运营商和终端制造商之间的创新激励问题,其次研究运营商和服务提供商之间的合作研发创新激励问题,最后研究考虑合作程度时运营商和服务提供商之间的创新激励问题。

8.1 运营商与终端制造商之间的创新激励问题

8.1.1 模型应用背景分析

随着第四代(4G)和第五代(5G)移动通信技术的快速发展以及用户价值观念的转变,电信市场对移动终端产品的创新提出了更高的要求。当前的移动终端市场中,终端制造商的产品创新主要体现在以下两个方面:一是硬件方面的创新;二是软件方面的创新。其中硬件方面的创新主要包括对移动终端外观设计、屏幕大小、摄像头像素、机身厚度等方面的创新设计;软件方面的创新主要包括给手机安装更多功能的软件以增强其用户体验、改善手机的软件环境使其与运营商的网络更匹配等方面的创新。

终端制造商的产品创新有利于提高用户的使用意愿,一定程度上能对运营商在推广新业务和扩大市场需求方面起到积极的推动作用。在当前的终端定制模式下,运营商对终端制造商的产品创新持鼓励和支持的态度。为了使用户更大程度地了解新产品的创新功能,运营商会投入一定的财力对终端制造商的创新产品进行宣传,这在一定程度上对终端制造商的产品推广起到了积极的推动作用。以中国联通和美国苹果公司的合作为例,苹果公司负责其终端产品 iphone 系列手机的创新设计,中国联通则通过各种形式的广告对 iphone 手机进行不遗余力的宣传。正是由于运营商不遗余力的宣传,iphone 系列手机在中国市场销售火热,这也在很大程度上帮助中国联通扩大了其高端用户市场,中国联通的 4G 用户及数据流量增长也都受益于此。因此,在产品创新与宣传推广方面,运营商和终端制造商之间建立的是一种互惠互利的合作关系。

终端产品的创新与推广需要运营商和终端制造商的共同努力才能得以实现,双方都需要投入一定的努力成本,而运营商和终端制造商的努力程度又会影响到创新产品的研发与推广以及整个供应链的利润。但是,由于双方的合作会受到信息不对称以及市场需求不确定等因素的影响,运营商和终端制造商在决策时会从自身利益最大化的角度出发,从而导致双重边际问题的出现。为了克服双重边际问题对供应链系统造成的不利影响,需要建立运营商和终端制造商之间的创新激励机制,以激励合作双方从供应链整体利益最大化的角度去决策。

专门研究运营商和终端制造商之间创新激励的文献还十分有限。文献[137]构建了终端制造商进行产品创新设计时的电信业供应链模型,但该文献并没有考虑运营商的宣传推广对终端制造商创新设计的影响。刘国亮、范云翠在《基于合作研究与推广的运营商与终端厂商的双边激励研究》[89]中构建了运营商与终端制造商之间的合作创新模型,通过设计收益共享契约研究了运营商对终端制造商的创新激励问题,但仅考虑的是运营商对终端制造商的激励问题。事实上,合作创新需要合作双方的共同努力,终端制造商同样需要对运营商进行激励。基于此,本节构建运营商和终端制造商之间的创新激励模型,通过设计单边转移支付机制来实现合作双方的相互激励以弥补已有研究的不足,丰富该领域的研究内容。

8.1.2 模型假设和符号说明

考虑由单个电信运营商和单个终端制造商组成的一个电信业供应链系统,电信运营商向终端制造商定制终端产品,并将终端产品与业务进行捆绑后销售给用户。为了增加终端产品对用户的吸引力从而扩大市场需求,终端制造商从两个方面对终端产品进行创新设计:一个是从硬件方面进行产品创新,另一个是从软件方面进行产品创新。对于终端制造商推出的创新产品,电信运营商会投入一定的财力对其进行宣传,以增加产品的市场需求。本节中所涉及的主要符号说明如下:

D:运营商和终端制造商共同努力下的市场需求;
A:终端制造商不进行产品创新,运营商也不进行宣传推广时的市场需求;

c：终端制造商的单位生产成本；

w：终端制造商向运营商提供终端产品时的单位批发价格；

r：运营商将终端产品与业务进行捆绑后的单位销售价格；

c_1：运营商的单位成本（这里的单位成本包括从终端制造商处购买终端产品的单位成本 w 及为了销售产品而付出的单位成本，因此 $r>c_1>w$）；

s_1：终端制造商在终端产品硬件方面的创新水平；

s_2：终端制造商在终端产品软件方面的创新水平；

a：运营商在对终端产品宣传推广方面的努力水平；

θ_1：终端制造商硬件创新水平对市场需求的影响因子；

θ_2：终端制造商软件创新水平对市场需求的影响因子；

θ_3：运营商在宣传推广方面的努力水平对市场需求的影响因子。

同时假设：

（1）不考虑运营商和终端制造商的固定投资成本，尽管运营商和终端制造商的前期固定投资巨大，但该固定投资属于一次性投资，通常不会对运营商和终端制造商的决策造成影响。

（2）假设终端制造商单位终端产品的批发价格 w 和运营商将终端产品与业务进行捆绑后的单位销售价格 r 是确定的，该假设可以使本书的研究聚焦于终端制造商和运营商的非价格因素的互动关系[47]。此外，如果将 w 和 r 作为变量处理，将会使模型过于复杂，其结果也将冗长繁琐，不利于对结果的分析。

（3）假设市场对终端产品及运营商的业务产品的需求量恰好等于终端制造商的终端产品产量，用户的市场需求由终端制造商的产品创新水平和运营商的宣传推广水平共同决定。假设需求函数具有以下线性形式：[123]

$$D = A + \theta_1 s_1 + \theta_2 s_2 + \theta_3 a \tag{8-1}$$

（4）假设终端制造商和运营商在终端产品的创新和推广方面均需付出成本，其成本是创新水平和宣传推广水平的函数，成本函数满足 $C'(i)>0, C''(i)\geqslant 0$ （$i=s_1,s_2,a$）。进一步假设终端制造商在硬件方面的创新成本为 $\frac{1}{2}\eta_1 s_1^2$，在软件方面的创新成本为 $\frac{1}{2}\eta_2 s_2^2$，运营商在宣传推广方面付出的成本为 $\frac{1}{2}\eta a^2$，这里的二次方是为了保证终端制造商和运营商的创新努力和宣传推广努力的边际效益递减，这种形式的成本函数在许多文献中出现过[143-145]。这里的 η_1、η_2、η 都是大于零的数，分别表示终端制造商和运营商的创新成本和宣传推广成本系数，它们都是外生变量。

8.1.3 模型建立及求解

1. 分散决策情形

在分散决策情形下,终端制造商和运营商各自从自身利益最大化的角度进行决策,终端制造商和运营商之间进行的是一种 Stackelberg 博弈,其中运营商作为领导者先行动,终端制造商作为追随者后行动。

对于运营商任意给定的宣传推广水平 a,假设终端制造商的利润函数为 $\pi_M(s_1,s_2,a)$,则

$$\pi_M(s_1,s_2,a) = (A + \theta_1 s_1 + \theta_2 s_2 + \theta_3 a)(w - c) - \frac{1}{2}\eta_1 s_1^2 - \frac{1}{2}\eta_2 s_2^2 \quad (8\text{-}2)$$

假设运营商的利润函数为 $\pi_N(s_1,s_2,a)$,则

$$\pi_N(s_1,s_2,a) = (A + \theta_1 s_1 + \theta_2 s_2 + \theta_3 a)(r - c_1) - \frac{1}{2}\eta a^2 \quad (8\text{-}3)$$

以下利用逆推法来求解终端制造商和运营商的最优决策。

对式(8-2)右端分别关于 s_1、s_2 求导可得

$$\frac{d\pi_M}{ds_1} = (w - c)\theta_1 - s_1\eta_1 \quad (8\text{-}4)$$

$$\frac{d\pi_M}{ds_2} = (w - c)\theta_2 - s_2\eta_2 \quad (8\text{-}5)$$

进一步可求得 π_M 的海塞矩阵为

$$H = \begin{bmatrix} -\eta_1 & 0 \\ 0 & -\eta_2 \end{bmatrix}$$

显然 H 为负定矩阵,π_M 存在极大值。

由式(8-4)和式(8-5)所确定的一阶条件可以求得终端制造商在硬件方面和软件方面的最优创新水平分别为

$$s_1^* = \frac{(w - c)\theta_1}{\eta_1} \quad (8\text{-}6)$$

$$s_2^* = \frac{(w - c)\theta_2}{\eta_2} \quad (8\text{-}7)$$

由式(8-6)和式(8-7)可以看出,在分散决策模式下,终端制造商的最优创新水平与运营商在宣传推广方面的努力水平无关,运营商对终端产品的宣传推广并不能对终端制造商起到激励作用。

将式(8-6)和式(8-7)代入式(8-3)可以求得在分散决策模式下运营商的最优宣传推广努力水平为

$$a^* = \frac{(r-c_1)\theta_3}{\eta} \tag{8-8}$$

显然,运营商的最优决策也与终端制造商的创新水平无关,终端制造商在终端产品上的创新投入同样无法激励运营商在宣传推广方面增加投入。

以上分析表明,在分散决策模式下,终端制造商和运营商都是从自身利益最大化的角度去决策,任何一方的决策都无法对对方起到激励作用。

将式(8-6)、式(8-7)和式(8-8)分别代入式(8-2)和式(8-3)可以求得分散决策模式下终端制造商和运营商的最大利润分别为

$$\pi_{\text{M}} = \frac{(c-w)((c-w)\eta\eta_2\theta_1^2 + \eta_1\{(c-w)\eta\theta_2^2 - 2\eta_2[A\eta + (r-c_1)\theta_3^2]\})}{2\eta\eta_1\eta_2} \tag{8-9}$$

$$\pi_{\text{N}} = \frac{(r-c_1)(2(w-c)\eta\eta_2\theta_1^2 + \eta_1\{2(w-c)\eta\theta_2^2 + \eta_2[2A\eta + (r-c_1)\theta_3^2]\})}{2\eta\eta_1\eta_2} \tag{8-10}$$

2. 集中决策情形

在集中决策模式下,终端制造商和运营商共同决定终端产品在软、硬件方面的创新水平和宣传推广方面的努力水平。假设在集中决策模式下该电信业供应链的整体利润为$\pi_{\text{MN}}(s_1,s_2,a)$,则对终端制造商和运营商最优决策的研究可转化为求解以下最优化问题:

$$\max_{s_1,s_2,a} \pi_{\text{MN}}(s_1,s_2,a)$$

$$\text{s.t.} \begin{cases} s_1 \geqslant 0 \\ s_2 \geqslant 0 \\ a \geqslant 0 \end{cases} \tag{8-11}$$

其中

$$\pi_{\text{MN}}(s_1,s_2,a) = (A + \theta_1 s_1 + \theta_2 s_2 + \theta_3 a)(r + w - c - c_1) - \frac{1}{2}\eta_1 s_1^2 - \frac{1}{2}\eta_2 s_2^2 - \frac{1}{2}\eta a^2$$

求解式(8-11)可得集中决策模式下终端制造商和运营商的最优创新水平和宣传推广水平分别为

$$s_1^{**} = \frac{(r+w-c-c_1)\theta_1}{\eta_1} \tag{8-12}$$

$$s_2^{**} = \frac{(r+w-c-c_1)\theta_2}{\eta_2} \tag{8-13}$$

$$a^{**} = \frac{(r+w-c-c_1)\theta_3}{\eta} \tag{8-14}$$

将上述三式分别与式(8-6)、式(8-7)、式(8-8)进行比较可得

$$s_1^{**} > s_1^*$$
$$s_2^{**} > s_2^*$$
$$a^{**} > a^*$$

以上结果表明,在集中决策模式下,终端制造商无论是在硬件方面的创新水平还是在软件方面的创新水平都较分散决策时有所提高。而运营商的宣传推广努力水平也较分散决策时有了提高。

在集中决策模式下,供应链的最大利润为

$$\pi_{MN} = \frac{(c-r-w+c_1)}{2\eta\eta_1\eta_2}(\eta(c-r-w+c_1)\eta_2\theta_1^2 + \eta_1\{\eta(c-r-w+c_1)\theta_2^2$$
$$+ \eta_2[(c-r-w+c_1)\theta_3^2 - 2A\eta]\}) \tag{8-15}$$

将式(8-15)和式(8-9)、式(8-10)进行比较可得

$$\pi_{MN} - \pi_M - \pi_N = \frac{1}{2}\left[\frac{(r-c_1)^2(\eta_2\theta_1^2 + \eta_1\theta_2^2)}{\eta_1\eta_2} + \frac{(c-w)^2\theta_3^2}{\eta}\right] > 0$$

上式表明,在集中决策模式下供应链系统的利润要大于分散决策模式下运营商和终端制造商的利润之和。为了实现供应链整体利润最大化的目标,接下来利用单边转移支付机制来研究运营商和终端制造商之间的创新激励问题。

8.1.4 基于单边转移支付机制的创新激励模型

在第5章中,我们对单边转移支付机制(Side-Payment Contracts)进行了简要的介绍,结合部分学者的研究成果[47,146],下面借助 Leng[146] 设计的单边转移支付机制来研究运营商和终端制造商之间的创新激励问题。根据 Leng 的观点,合理的激励机制能够实现供应链的协调,需要符合以下两个条件:

(1) 协调后每个企业的最优决策等于系统整体最优时的决策;

(2) 协调后每个成员所获得的利润较之协调前要有所增加,即每个成员的利润都能实现帕累托改进。

采用 Leng 的研究方法将转移支付分为两部分,分别为转移支付函数(Transfer Function)和固定转移支付(Constant Side-Payment),其中转移支付函数是为了满足上述条件(1)的要求,固定转移支付是为了满足上述条件(2)的要求。

1. 转移支付函数的确定

假设运营商通过设计转移支付函数 $L(s_1, s_2, a)$ 来激励终端制造商从全局最

优的角度确定其在终端产品软、硬件方面的技术创新水平,同时通过固定转移支付 K 来分配实施转移支付后供应链系统产生的利润。在转移支付策略的作用下,终端制造商和运营商的利润函数分别记为 $\tilde{\pi}_M(s_1,s_2,a)$ 和 $\tilde{\pi}_N(s_1,s_2,a)$,则

$$\tilde{\pi}_M(s_1,s_2,a) = \pi_M(s_1,s_2,a) + L(s_1,s_2,a) + K \quad (8\text{-}16)$$

$$\tilde{\pi}_N(s_1,s_2,a) = \pi_N(s_1,s_2,a) - L(s_1,s_2,a) - K \quad (8\text{-}17)$$

其中 π_M 和 π_N 如式(8-2)和式(8-3)所示。

以下就转移支付函数 $L(s_1,s_2,a)$ 需满足的条件做如下分析。

命题 8.1 为了保证条件(1)的实现,转移支付函数 $L(s_1,s_2,a)$ 需满足以下条件:

$$\begin{cases} \pi_M(s_1^{**},s_2^{**},a^{**}) + L(s_1^{**},s_2^{**},a^{**}) \geqslant \pi_M(s_1^{**},s_2,a) + L(s_1^{**},s_2,a) \\ \pi_M(s_1^{**},s_2^{**},a^{**}) + L(s_1^{**},s_2^{**},a^{**}) \geqslant \pi_M(s_1,s_2^{**},a) + L(s_1,s_2^{**},a) \\ \pi_N(s_1^{**},s_2^{**},a^{**}) - L(s_1^{**},s_2^{**},a^{**}) \geqslant \pi_N(s_1,s_2,a^{**}) - L(s_1,s_2,a^{**}) \end{cases}$$
(8-18)

证明 先不考虑固定转移支付,在转移支付函数 $L(s_1,s_2,a)$ 的作用下,终端制造商和运营商的利润函数分别为

$$\begin{cases} \bar{\pi}_M(s_1,s_2,a) = \pi_M(s_1,s_2,a) + L(s_1,s_2,a) \\ \bar{\pi}_N(s_1,s_2,a) = \pi_N(s_1,s_2,a) - L(s_1,s_2,a) \end{cases} \quad (8\text{-}19)$$

由于 $(s_1^{**},s_2^{**},a^{**})$ 是全局最优时的最优决策,记

$$\bar{\pi}_{MN}(s_1,s_2,a) = \bar{\pi}_M(s_1,s_2,a) + \bar{\pi}_N(s_1,s_2,a)$$

则

$$\bar{\pi}_{MN}(s_1^{**},s_2^{**},a^{**}) \geqslant \bar{\pi}_{MN}(s_1,s_2,a)$$

$(s_1^{**},s_2^{**},a^{**})$ 也是包含转移支付函数后的博弈均衡解,从而有

$$\begin{cases} \bar{\pi}_M(s_1^{**},s_2^{**},a^{**}) \geqslant \bar{\pi}_M(s_1^{**},s_2,a) \\ \bar{\pi}_M(s_1^{**},s_2^{**},a^{**}) \geqslant \bar{\pi}_M(s_1,s_2^{**},a) \\ \bar{\pi}_N(s_1^{**},s_2^{**},a^{**}) \geqslant \bar{\pi}_N(s_1,s_2,a^{**}) \end{cases} \quad (8\text{-}20)$$

所以命题 8.1 得证。

命题 8.2 在转移支付函数的作用下,为了保证终端制造商和运营商都能从全局最优的角度去决策,转移支付函数 $L(s_1,s_2,a)$ 应满足以下条件:

$$\begin{cases} \dfrac{\partial L(s_1^{**},s_2^{**},a^{**})}{\partial s_1} = -\dfrac{\partial \pi_M(s_1^{**},s_2^{**},a^{**})}{\partial s_1} = (r-c_1)\theta_1 \\ \dfrac{\partial L(s_1^{**},s_2^{**},a^{**})}{\partial s_2} = -\dfrac{\partial \pi_M(s_1^{**},s_2^{**},a^{**})}{\partial s_2} = (r-c_1)\theta_2 \\ \dfrac{\partial L(s_1^{**},s_2^{**},a^{**})}{\partial a} = \dfrac{\partial \pi_N(s_1^{**},s_2^{**},a^{**})}{\partial a} = (c-w)\theta_3 \end{cases} \quad (8\text{-}21)$$

证明 由式(8-19)可知,包含转移支付函数 $L(s_1,s_2,a)$ 的终端制造商和运营商的利润函数分别为 $\bar{\pi}_M(s_1,s_2,a)$ 和 $\bar{\pi}_N(s_1,s_2,a)$,为了使 $(s_1^{**},s_2^{**},a^{**})$ 为施行转移支付后终端制造商和运营商的最优决策,则应有

$$\begin{cases} \dfrac{\partial \bar{\pi}_M(s_1,s_2,a)}{\partial s_1}\Big|_{(s_1^{**},s_2^{**},a^{**})} = 0 \\[2mm] \dfrac{\partial \bar{\pi}_M(s_1,s_2,a)}{\partial s_2}\Big|_{(s_1^{**},s_2^{**},a^{**})} = 0 \\[2mm] \dfrac{\partial \bar{\pi}_N(s_1,s_2,a)}{\partial a}\Big|_{(s_1^{**},s_2^{**},a^{**})} = 0 \end{cases} \qquad (8\text{-}22)$$

所以命题 8.2 得证。

根据命题 8.2 所得结论,这里设计一个简单的线性转移支付函数

$$L(s_1,s_2,a) = (r-c_1)\theta_1 s_1 + (r-c_1)\theta_2 s_2 - (w-c)\theta_3 a$$

则在转移支付函数的作用下,运营商和终端制造商都会从全局最优的角度进行决策。

2. 转移支付函数的激励作用

转移支付函数对终端制造商和运营商的激励原理如下:在运营商对终端产品的宣传推广水平不变的情况下,若终端制造商减少其在终端产品的硬件创新方面的创新水平 s_1 一个单位,则需向运营商支付大小为 $\dfrac{\partial \pi_M(s_1^{**},s_2^{**},a^{**})}{\partial s_1}$ 的转移支付,用以弥补由于终端制造商硬件创新水平的减少而给运营商带来的损失,其值为 $(r-c_1)\theta_1 s_1$;若终端制造商减小其在终端产品的软件创新方面的创新水平 s_2 一个单位,则需向运营商支付大小为 $\dfrac{\partial \pi_M(s_1^{**},s_2^{**},a^{**})}{\partial s_2}$ 的转移支付,用以弥补由于终端制造商软件创新水平的减小而给运营商带来的损失,其值为 $(r-c_1)\theta_2 s_2$。同理,在终端制造商对终端产品软、硬件方面的创新水平不变的情况下,若运营商减小其对终端产品的宣传推广水平 a 一个单位,则需向终端制造商支付大小为 $\dfrac{\partial \pi_N(s_1^{**},s_2^{**},a^{**})}{\partial a}$ 的转移支付,用以弥补由于运营商对终端产品宣传推广水平的减小而给终端制造商带来的损失,其值为 $(w-c)\theta_3 a$。因此,在转移支付函数 $L(s_1,s_2,a)$ 的作用下,即使终端制造商和运营商之间是分散决策,双方也会从整体最优的角度来确定其终端产品的创新水平和宣传推广水平,在最大化自身利润的同时实现了供应链整体利润最大化的目标。

3. 固定转移支付的确定

转移支付函数虽然可以保证终端制造商和运营商都能从全局最优的角度去决

策,但并不能保证双方的利润都能实现帕累托改进。因此需要设计固定转移支付以保证前面的条件(2)能够得到满足。通过设计合理的固定转移支付,能够将应用转移支付函数后供应链系统利润增加的部分在终端制造商和运营商之间进行合理的分配,以实现双方利润的帕累托改进。

固定转移支付的求解机理是基于合作博弈的思想。其方法包括 Nash 讨价还价法[147]和 Shapley 值法[47],这里采用 Nash 讨价还价法来确定终端制造商和运营商之间的固定转移支付,为简单起见,这里假设终端制造商和运营商的谈判能力相同。用 Δ_M 和 Δ_N 分别表示终端制造商和运营商在应用转移支付函数前后利润的改变量,则可以求得

$$\Delta_M = \frac{(w-c)^2 \theta_3^2}{\eta} - \frac{(r-c_1)^2(\eta_2 \theta_1^2 + \eta_1 \theta_2^2)}{2\eta_1 \eta_2} \tag{8-23}$$

$$\Delta_N = \frac{(r-c_1)^2(\eta_2 \theta_1^2 + \eta_1 \theta_2^2)}{\eta_1 \eta_2} - \frac{(w-c)^2 \theta_3^2}{2\eta} \tag{8-24}$$

以(0,0)作为终端制造商和运营商关于固定转移支付的谈判起始点,则固定转移支付的求解等价于求解以下最优化问题:

$$\max_K (\Delta_M + K)(\Delta_N - K)$$
$$\text{s.t.} \begin{cases} \Delta_M + K \geqslant 0 \\ \Delta_N - K \geqslant 0 \end{cases} \tag{8-25}$$

利用库恩-塔克(Kuhn-Tucker,KT)条件求解式(8-25)可得

$$K = \frac{\Delta_M - \Delta_N}{2} = \frac{3}{4}\left[\frac{(w-c)^2 \theta_3^2}{\eta} - \frac{(r-c_1)^2(\eta_2 \theta_1^2 + \eta_1 \theta_2^2)}{\eta_1 \eta_2}\right] \tag{8-26}$$

8.1.5 数值算例分析

为了进一步验证单边转移支付机制的激励作用,下面来看一个具体的数值算例。假设 $A=1000, \theta_1=10, \theta_2=15, \theta_3=12, \eta_1=1000, \eta_2=1200, \eta=800, c=400, w=700, r=1200, c_1=800$。表 8-1 给出了使用单边转移支付激励机制前后终端制造商与运营商的最优决策及各自的利润变化情况。

表 8-1 使用单边转移支付激励机制前后的结果对比

	分散决策	集中决策	激励后的分散决策
s_1	3	7	7
s_2	3.75	8.75	8.75
a	6	10.5	10.5

续表

	分散决策	集中决策	激励后的分散决策
L	—	—	42700
K	—	—	-22350
π_M	334538	—	348088
π_N	448900	—	466450
$\pi_M + \pi_N$	783438	814538	814538

由表8-1可以看出,在使用单边转移支付激励机制后,终端制造商和运营商的最优决策与之前相比都有了很大的提高,与供应链整体最优时的决策相同,且终端制造商和运营商的利润都得到了增加,尤其以运营商的利润增加最为明显。这说明单边转移支付激励机制在激励终端制造商增加终端产品的创新水平方面起到了积极的作用。

8.2 运营商与服务提供商之间的合作研发创新激励问题

8.2.1 模型应用背景分析

随着移动互联网技术的不断发展以及第四和第五代移动通信技术的投入使用,电信产业发生了深刻的变革。传统的话音业务市场已经趋于饱和并呈现出低值化的趋势[150],数据增值业务作为电信运营商的一个新兴收入来源,已经成为推动电信产业向前发展的重要力量。为了能够在竞争日趋激烈的电信市场保持竞争优势,各大电信运营商在由运营商向综合信息提供商角色转变的过程中,也加强了和各服务(内容)提供商的创新合作,以期通过业务创新来实现其战略转型的目标。以中国电信和网易公司的合作为例,为了应对"OTT"业务对运营商电信业务的冲击,中国电信联合网易公司进行业务创新,合作研发了即时通信类软件"易信"。从一定程度上讲,业务创新是推动移动增值服务市场乃至整个电信市场发展的核心动力[149]。一方面,业务创新可以增加业务在横向和纵向两个方面的差异性,给用户带来更好的体验,从而更好地满足用户的潜在需求;另一方面,业务创新有利于改变电信市场同质化竞争的局面,增强了企业的活力和竞争力,有利于市场的健康发展。

当前的电信服务市场仍然存在着诸多问题,业务创新不足是其中的主要问题之一。导致电信产品业务创新不足的原因有很多,概括起来有如下几点:① 电信产品通常属于无形产品,这类产品一般具有初始投入高、复制成本低(边际成本近乎为零)的技术经济特征[150]。较高的初始投入决定了业务产品的研发和创新很难由一个企业单独完成,需要行业内不同企业的通力合作才能实现;② 高投入往往意味着高风险,市场需求的不确定性进一步加剧了这种风险,这在很大程度上也影响了企业的创新;③ 电信产品的业务创新需要多方合作,是一种共赢的生产行为。在合作的过程中,作为私营个体的企业,时刻追求的是自身利益的最大化,企业从自身利益出发的分散决策行为导致了双重边际效应的出现,而市场信息的不对称进一步加剧了这种效应,同时引发了合作双方的道德风险问题。双重边际效应以及合作双方的道德风险问题,导致了合作的低效甚至失败,从而影响了电信产品的业务创新。而要消除以上不利因素,推动电信产业产品业务创新的健康发展,则需要建立有效的创新激励机制。

电信业务的创新影响了产品的市场需求,同时业务创新也增加了企业的成本,这在一定程度上会对企业的定价决策造成影响。传统的电信市场中,运营商处于绝对的垄断地位,电信业务的定价主要取决于运营商,由于运营商和服务提供商之间存在的收益共享关系,服务提供商对服务产品的定价在一定程度上会受制于运营商。移动互联网的开放性打破了电信市场的垄断局面,服务提供商在服务产品的定价方面有了更多的话语权。运营商和服务提供商在电信服务产品定价方面的分散决策模式会对电信业供应链的渠道协调造成影响,进而影响到企业的合作创新,因此运营商和服务提供商之间需要建立合理的合作定价机制。

已有的相关文献中,研究者大都采用的是委托代理理论方法,将运营商和服务提供商之间的关系定位成委托人和代理人之间的关系。作为委托人的运营商会面临服务提供商的道德风险问题,运营商通常通过对收益分配系数的调整来规避这种风险,从而达到激励服务提供商从全局最优的角度进行服务产品创新的目的[150,152]。而研究运营商和服务提供商之间合作研发创新的文献还不是很多,相关研究也都是从如何设计收益分配系数的角度研究运营商和服务提供商之间的双边激励问题[152],鲜有文献考虑运营商和服务提供商合作研发过程中的合作程度问题。

电信服务产品通常是无形产品,具有较高的创新技术含量,其创新投资通常为技术和人力资源上的投资,而技术和人力资源上的投资难以被对方观察且不能被第三方所证实[150]。因此,运营商和服务提供商合作研发创新的过程中,双方都要面临对方的道德风险问题,即存在双边道德风险问题。此外,运营商和服务提供商在合作创新的过程中还面临着合作程度的问题,企业的合作程度不同,往往会产生不同的合作结果[153,154]。合作双方的合作程度加深能够在一定程度上实现技术和信息资源的共享,而技术和信息的共享一方面可以消除或减弱双方面临的道德风险,另一方面也可以降低合作双方的创新成本。

基于以上原因,本节研究运营商和服务提供商的合作研发创新激励问题,同时将双方的合作程度考虑进去,以此弥补相关研究的不足,丰富该领域的研究内容。

8.2.2 模型假设

考虑由单个电信运营商和单个服务提供商构成的一个电信业供应链系统。运营商和服务提供商合作为用户提供某种移动互联网增值服务,用户使用该增值服务的单位费用包括数据业务费 p_1 和信息服务费 p_2,其中 p_1 由运营商负责制定,p_2 由服务提供商负责制定。因此,用户使用该增值服务的单位费用为 $p = p_1 + p_2$。模型做如下假设:

(1) 运营商和服务提供商对增值服务的数据业务费和信息服务费的定价均是基于用户在使用该增值服务的过程中所消耗的数据流量来考量的。

(2) 服务提供商会根据需要对该增值服务产品进行创新设计,如增加该服务产品的使用功能以增强其用户体验等。以 s 表示该服务产品的创新质量水平,服务提供商由于产品创新需支付的成本记为 $\frac{1}{2}\eta s^2$,其中 η 为质量成本系数。

(3) 运营商和服务提供商所面临的市场规模为 n,且每个用户在一个使用周期内对该产品的需求为一个单位。服务提供商不进行产品创新设计时,该业务自身属性给用户带来的效用记为 v_i,其中 v_i 服从区间 $[0, v]$ 上的均匀分布[151]。当该服务产品的创新质量为 s 时,用户获得的效用为 $s + v_i$,当且仅当用户获得的效用不小于服务产品的价格,即 $s + v_i \geqslant p$ 时用户才会使用该服务产品。因此当服务产品的价格为 $p = p_1 + p_2$ 时,其市场需求为[151]

$$D(p) = n \int_{p-s}^{v} \frac{1}{v} \mathrm{d}x = \frac{n(v + s - p)}{v} \tag{8-27}$$

(4) 由于运营商和服务提供商的固定投资成本属于一次性投资,不会对其决策造成影响,故这里不考虑运营商和服务提供商的固定投资成本。此外,由于增值服务的边际服务成本近乎为零,故为使模型结果不至于过于复杂,给后面的分析造成不利影响,这里也不考虑运营商和服务提供商的边际服务成本。

(5) 本节所提到的运营商和服务提供商的利润均是指一个使用周期内的利润。

8.2.3 不同情形下运营商和服务提供商的决策分析

1. 服务提供商不进行产品创新设计时的情形

记运营商和服务提供商的利润函数分别为 π_M 和 π_S,当服务提供商不进行产品创新设计时,式(8-27)中的 $s=0$,此时需求函数变为 $D(p)=\dfrac{n(v-p)}{v}$,运营商和服务提供商的决策变量分别为 p_1 和 p_2,则

$$\pi_M = p_1 \frac{n(v-p_1-p_2)}{v} \tag{8-28}$$

$$\pi_S = p_2 \frac{n(v-p_1-p_2)}{v} \tag{8-29}$$

假设在定价决策上运营商和服务提供商之间进行的是一种 Stackelberg 博弈,其中运营商作为领导者先行动,服务提供商作为追随者后行动,利用逆推法进行求解可得运营商和服务提供商的最优定价决策分别为

$$\begin{cases} p_1^* = \dfrac{v}{2} \\ p_2^* = \dfrac{v}{4} \end{cases} \tag{8-30}$$

将式(8-30)分别代入式(8-28)和式(8-29)可以求得运营商和服务提供商的利润分别为

$$\begin{cases} \pi_M = \dfrac{nv}{8} \\ \pi_S = \dfrac{nv}{16} \end{cases} \tag{8-31}$$

2. 服务提供商进行产品创新设计时的情形

接下来考虑服务提供商进行产品创新设计时的情形。当服务产品的创新质量为 s 时,需求函数变为 $D(p)=\dfrac{n(v+s-p)}{v}$,此时运营商和服务提供商的利润函数变为

$$\bar{\pi}_M = p_1 \frac{n(v+s-p_1-p_2)}{v} \tag{8-32}$$

$$\bar{\pi}_S = p_2 \frac{n(v+s-p_1-p_2)}{v} - \frac{1}{2}\eta s^2 \tag{8-33}$$

同样假设运营商和服务提供商之间进行的是一种Stackelberg博弈,其中运营商作为领导者先行动,服务提供商作为追随者后行动。对式(8-33)右端分别关于p_2和s求导可得

$$\begin{cases} \dfrac{\partial \bar{\pi}_S}{\partial p_2} = \dfrac{n(v+s-p_1) - 2np_2}{v} \\ \dfrac{\partial \bar{\pi}_S}{\partial s} = \dfrac{np_2 - vs\eta}{v} \end{cases} \quad (8\text{-}34)$$

$\bar{\pi}_S$的海塞矩阵为

$$H = \begin{bmatrix} -\dfrac{2n}{v} & \dfrac{n}{v} \\ \dfrac{n}{v} & -\eta \end{bmatrix}$$

为了保证式(8-33)的极值存在,则H应为负定矩阵,这里假设$0<n<2v\eta$。由式(8-34)确定的一阶条件可以求得服务提供商的最优定价和最优创新质量水平分别为

$$\begin{cases} p_2^{**} = \dfrac{v\eta(v-p_1)}{2v\eta - n} \\ s^{**} = \dfrac{n(v-p_1)}{2v\eta - n} \end{cases} \quad (8\text{-}35)$$

由式(8-35)可以看出,随着运营商对数据业务费定价的增大,服务提供商的最优定价和最优创新质量都在减小。这说明运营商对数据业务费的定价会影响到服务提供商的定价策略及其产品创新。运营商的数据业务费定价过高,会挫伤服务提供商进行产品创新的积极性。

将式(8-35)代入式(8-32)可以求得运营商的最优定价为

$$p_1^{**} = \dfrac{v}{2} \quad (8\text{-}36)$$

将式(8-36)代入式(8-35)可以求得

$$\begin{cases} p_2^{**} = \dfrac{v^2 \eta}{2(2v\eta - n)} \\ s^{**} = \dfrac{nv}{2(2v\eta - n)} \end{cases} \quad (8\text{-}37)$$

进一步可以求得运营商和服务提供商的利润分别为

$$\begin{cases} \bar{\pi}_M = \dfrac{nv^2 \eta}{4(2v\eta - n)} \\ \bar{\pi}_S = \dfrac{nv^2 \eta}{8(2v\eta - n)} \end{cases} \quad (8\text{-}38)$$

命题8.3 当服务提供商进行产品创新设计时,运营商和服务提供商的利润

都有所增加。

证明 将式(8-38)与式(8-31)进行比较可得

$$\bar{\pi}_M - \pi_M = \frac{n^2 v}{8(2v\eta - n)} > 0$$

$$\bar{\pi}_S - \pi_S = \frac{n^2 v}{16(2v\eta - n)} > 0$$

所以,当服务提供商进行产品创新设计时,运营商和服务提供商的利润均有所增加。

命题 8.3 说明,服务提供商的产品创新设计对提高供应链整体的利润起到了积极的作用。此外,由命题 8.3 的证明过程可以看出,运营商的利润增加值要大于服务提供商的利润增加值,因此运营商对服务提供商的产品创新应持鼓励和支持的态度。

尽管服务提供商的产品创新能够提高供应链整体的利润,但是产品创新需要投入大量的创新资金,这在一定程度上增加了服务提供商的运营成本,当创新资金的投入超过服务提供商的承受能力时,服务提供商可能会选择放弃。此外,由于服务提供商的产品创新而使供应链增加的那些利润相当大一部分被运营商所占有,这会造成服务提供商产生"为她人做嫁衣"的感觉,进而影响到服务提供商进行产品创新的积极性。为了鼓励服务提供商积极进行产品创新设计,运营商需要采取一定的激励措施。接下来研究运营商和服务提供商之间的创新激励问题。

8.2.4 基于合作研发的创新激励模型

为了鼓励服务提供商积极进行服务产品的创新设计,运营商会选择与一些优秀的服务提供商进行服务产品创新方面的合作研发。由于运营商的品牌效应再加上其对客户需求的深入理解,运营商的参与能够极大地提升用户的认知价值[151],从而使用户的效用得到进一步的增加。假设由于运营商的参与,服务产品的创新质量由 s 提升为 $s+x$,其中 x 表示由于运营商的参与而使服务产品的创新质量提升的部分。运营商付出的创新成本设为 $\frac{1}{2}\gamma x^2$,其中 γ 为运营商的质量成本系数。此时,需求函数变为 $D(p) = \frac{n(v+s+x-p)}{v}$,运营商和服务提供商的利润函数变为

$$\tilde{\pi}_M = p_1 \frac{n(v+s+x-p_1-p_2)}{v} - \frac{1}{2}\gamma x^2 \tag{8-39}$$

$$\tilde{\pi}_S = p_2 \frac{n(v+s+x-p_1-p_2)}{v} - \frac{1}{2}\eta s^2 \tag{8-40}$$

同样假设运营商和服务提供商之间进行的是一种 Stackelberg 博弈，其中运营商作为领导者先行动，服务提供商作为追随者后行动。对式(8-40)右端分别关于 p_2 和 s 求导可得

$$\begin{cases} \dfrac{\partial \tilde{\pi}_S}{\partial p_2} = \dfrac{n(v+s+x-p_1) - 2np_2}{v} \\ \dfrac{\partial \tilde{\pi}_S}{\partial s} = \dfrac{np_2 - vs\eta}{v} \end{cases} \qquad (8\text{-}41)$$

进一步可以求得服务提供商的最优定价和最优创新质量分别为

$$\begin{cases} p_2^{**} = \dfrac{v\eta(v+x-p_1)}{2v\eta - n} \\ s^{**} = \dfrac{n(v+x-p_1)}{2v\eta - n} \end{cases} \qquad (8\text{-}42)$$

由式(8-42)可以看出，服务提供商的最优创新质量随着 x 的增加而增加，这说明运营商的参与合作对推动服务提供商提升其创新质量水平起到了积极的作用。将式(8-42)代入式(8-39)，可以求出运营商的最优定价水平和最优创新质量为

$$\begin{cases} p_1^{**} = \dfrac{v\gamma(2v\eta - n)}{4v\gamma\eta - n(2\gamma + \eta)} \\ x^{**} = \dfrac{nv\eta}{4v\gamma\eta - n(2\gamma + \eta)} \end{cases} \qquad (8\text{-}43)$$

为使研究结果有意义，这里假设 $0 < n < \dfrac{4v\gamma\eta}{2\gamma + \eta}$。将式(8-43)代入式(8-42)可以求得

$$\begin{cases} p_2^{**} = \dfrac{v^2\gamma\eta}{4v\gamma\eta - n(2\gamma + \eta)} \\ s^{**} = \dfrac{nv\gamma}{4v\gamma\eta - n(2\gamma + \eta)} \end{cases} \qquad (8\text{-}44)$$

将式(8-43)和式(8-44)分别代入式(8-39)和式(8-40)，可以求得运营商和服务提供商的利润分别为

$$\begin{cases} \tilde{\pi}_M = \dfrac{nv^2\gamma\eta}{8v\gamma\eta - 2n(2\gamma + \eta)} \\ \tilde{\pi}_S = \dfrac{nv^2\gamma^2\eta(2v\eta - n)}{2[4v\gamma\eta - n(2\gamma + \eta)]^2} \end{cases} \qquad (8\text{-}45)$$

命题 8.4 当运营商和服务提供商合作研发对服务产品进行创新设计时，运营商和服务提供商的利润与服务提供商单独进行产品创新设计时的利润相比会有所提高，且服务提供商的产品创新质量水平也会有所提高。

证明

$$\tilde{\pi}_M - \bar{\pi}_M = \dfrac{n^2 v^2 \eta^2}{4(2v\eta - n)[4v\gamma\eta - n(2\gamma + \eta)]} > 0$$

$$\tilde{\pi}_S - \bar{\pi}_S = \frac{nv\eta(3v\eta - n)}{2(2v\eta - n)[4v\gamma\eta - n(2\gamma + \eta)]} > 0$$

$$s^{**} = \frac{nv\gamma}{4v\gamma\eta - n(2\gamma + \eta)} > \frac{nv\gamma}{4v\gamma\eta - 2n\gamma} = \frac{nv}{4v\eta - 2n} = s^*$$

所以命题 8.4 得证。

命题 8.4 说明,当运营商参与到服务产品的创新设计当中并与服务提供商进行合作研发时,双方的利润都有所增加,运营商的参与合作对服务提供商的产品创新起到了一定的激励作用,其创新水平得到进一步的提升。

此外,由前面的讨论可以看出,当服务提供商单独进行产品创新设计时,模型的均衡解是在约束条件 $0 < n < 2v\eta$ 下得到的,这说明此时的市场存在有限规模。而市场存在有限规模有两种可能,一种可能是服务产品刚投入市场,用户数还比较少,另一种可能是市场上相同类型的产品较多,市场竞争比较激烈。在这两种情况下,服务提供商都需要通过产品创新设计来提高用户的效用,进而达到扩大用户群体和增加利润的目的。而当运营商与服务提供商合作进行产品创新时模型的均衡解是在约束条件 $0 < n < \frac{4v\gamma\eta}{2\gamma + \eta}$ 下得到的,这说明当市场规模在 $\left(0, \frac{4v\gamma\eta}{2\gamma + \eta}\right)$ 时运营商与服务提供商合作进行产品创新设计有利于双方利润的增加。

8.2.5 考虑合作程度时的创新激励模型

1. 模型描述

通过前面的分析可以看到,当市场规模在 $\left(0, \frac{4v\gamma\eta}{2\gamma + \eta}\right)$ 时,运营商和服务提供商之间进行合作研发创新能够实现合作双方利润的增加。假设运营商和服务提供商在合作研发创新的过程中能够在一定程度上实现技术和信息资源的共享,用 $\beta \in [0,1]$ 表示运营商和服务提供商之间的合作程度,它与运营商和服务提供商之间的信息、资源共享程度以及创新技术的互补性正相关。当 $\beta = 0$ 时表示双方不进行信息资源和技术的共享,双方的研发创新对对方没有任何贡献,当 $\beta = 1$ 时表示双方实现信息资源和技术的完全共享,实现 100% 的合作。双方的合作程度对价值增值的影响有两种表现形式,一是直接表现为利润的增加,在利润函数中体现;二是表现为相同产品创新质量下创新成本的减少。这里采用第二种表现形式,当运营商与服务提供商的合作程度为 β 时,假设运营商和服务提供商的创新成本分别为[153,154]

$$c(x) = \frac{1}{2}\gamma x^2 - \beta s \quad (8-46)$$

$$c(s) = \frac{1}{2}\eta s^2 - \beta x \tag{8-47}$$

其利润函数则分别表示为

$$\tilde{\pi}_M = p_1 \frac{n(v+s+x-p_1-p_2)}{v} - \frac{1}{2}\gamma x^2 + \beta s \tag{8-48}$$

$$\tilde{\pi}_S = p_2 \frac{n(v+s+x-p_1-p_2)}{v} - \frac{1}{2}\eta s^2 + \beta x \tag{8-49}$$

2. 均衡策略分析

假设运营商和服务提供商之间进行的是一种 Stackelberg 博弈,其中运营商作为领导者先行动,服务提供商作为追随者后行动。双方合作的目标是实现运营商利润的最大化,同时满足服务提供商的激励相容约束,因此相当于求解以下双边激励问题:

$$\max_{p_1,x,\beta} \pi_M$$

$$\text{s.t.} \begin{cases} (IC) \dfrac{\partial \pi_S}{\partial p_2} = 0 \\ \dfrac{\partial \pi_S}{\partial s} = 0 \end{cases} \tag{8-50}$$

由(8-49)式可得服务提供商的最优定价和最优创新质量分别为

$$\begin{cases} p_2^* = \dfrac{v\eta(v+x-p_1)}{2v\eta - n} \\ s^* = \dfrac{n(v+x-p_1)}{2v\eta - n} \end{cases} \tag{8-51}$$

将其代入式(8-50),为保证式(8-50)的最优解存在,其海塞矩阵

$$H = \begin{bmatrix} \dfrac{2n\eta}{n-2v\eta} & -\dfrac{n\eta}{n-2v\eta} \\ -\dfrac{n\eta}{n-2v\eta} & -\gamma \end{bmatrix}$$

应是负定矩阵。因为

$$n < \frac{4v\gamma\eta}{2\gamma + \eta} < 2v\eta$$

所以其顺序主子式

$$\Delta_1 = \frac{2n\eta}{n-2v\eta} < 0$$

$$\Delta_2 = |H| = \frac{n\eta(4v\eta\gamma - n(2\gamma+\eta))}{(n-2v\eta)^2} > 0$$

H 为负定矩阵,式(8-50)的最优解存在。

求解式(8-50)可得运营商的最优定价和最优创新质量分别为

$$\begin{cases} p_1^* = \dfrac{n[\beta(\gamma+\eta)-\nu\gamma\eta]-2\nu\gamma\eta(\beta-\nu\eta)}{\eta[4\nu\gamma\eta-n(2\gamma+\eta)]} \\ x^* = \dfrac{n(\beta+\nu\eta)}{4\nu\gamma\eta-n(2\gamma+\eta)} \end{cases} \quad (8\text{-}52)$$

将式(8-52)代入式(8-51)进一步可以求得

$$\begin{cases} p_2^* = \dfrac{\nu\gamma(\beta+\nu\eta)}{4\nu\gamma\eta-n(2\gamma+\eta)} \\ s^* = \dfrac{n\gamma(\beta+\nu\eta)}{\eta[4\nu\gamma\eta-n(2\gamma+\eta)]} \end{cases} \quad (8\text{-}53)$$

将式(8-52)和式(8-53)代入式(8-48)和式(8-49)可得运营商和服务提供商的利润分别为

$$\pi_M = \dfrac{n\gamma(\beta+\nu\eta)^2}{2\eta[4\nu\gamma\eta-n(2\gamma+\eta)]} \quad (8\text{-}54)$$

$$\pi_S = \dfrac{n(\beta+\nu\eta)\{2\nu\gamma\eta[\nu\gamma\eta+\beta(\gamma+4\eta)]-n[\nu\gamma^2\eta+\beta(\gamma^2+4\gamma\eta+2\eta^2)]\}}{2\eta[4\nu\gamma\eta-n(2\gamma+\eta)]^2}$$

$$(8\text{-}55)$$

命题 8.5 随着双方合作程度的加深(β 增大),运营商和服务提供商的最优创新质量都在提高。

证明

$$\dfrac{dx^*}{d\beta} = \dfrac{n}{4\nu\gamma\eta-n(2\gamma+\eta)} > 0$$

$$\dfrac{ds^*}{d\beta} = \dfrac{n\gamma}{\eta[4\nu\gamma\eta-n(2\gamma+\eta)]} > 0$$

因为 x^* 和 s^* 随着 β 的增大而增大,所以随着双方合作程度的加深,运营商和服务提供商的最优创新质量都在提高,命题 8.5 得证。

命题 8.5 说明,当运营商和服务提供商之间加深合作程度实现技术、资源和信息的共享时,双方都会提高自身的创新水平。这是因为随着双方合作程度的加深,在产品创新质量不变的情况下,运营商和服务提供商的创新成本都有所减少,因合作程度加深而节省的那一部分资金为双方进一步提升产品创新质量提供了资金支持,因此双方加深合作能够进一步推动电信产业的产品创新。

命题 8.6 随着双方合作程度的加深,服务提供商的信息服务费定价 p_2 会增大,当 $n \in \left(0, \dfrac{2\nu\gamma\eta}{\gamma+\eta}\right)$ 时,运营商的数据业务费定价 p_1 会减小,当 $n \in \left(\dfrac{2\nu\gamma\eta}{\gamma+\eta}, \dfrac{4\nu\gamma\eta}{2\gamma+\eta}\right)$ 时,运营商的数据业务费定价 p_1 会增大。

第 8 章 电信业供应链创新激励问题研究

证明

$$\frac{\mathrm{d}p_2^*}{\mathrm{d}\beta} = \frac{v\gamma}{4v\gamma\eta - n(2\gamma + \eta)} > 0$$

$$\frac{\mathrm{d}p_1^*}{\mathrm{d}\beta} = \frac{n(\gamma + \eta) - 2v\gamma\eta}{\eta[4v\gamma\eta - n(2\gamma + \eta)]}$$

当 $n \in \left(0, \dfrac{2v\gamma\eta}{\gamma + \eta}\right)$ 时

$$\frac{\mathrm{d}p_1^*}{\mathrm{d}\beta} < 0$$

当 $n \in \left(\dfrac{2v\gamma\eta}{\gamma + \eta}, \dfrac{4v\gamma\eta}{2\gamma + \eta}\right)$ 时

$$\frac{\mathrm{d}p_1^*}{\mathrm{d}\beta} > 0$$

所以命题 8.6 得证。

合作双方的合作程度加深时，由于双方都会提高自身的创新质量，因而增值服务产品的创新质量进一步得到提升，增值服务产品能够给用户带来更好的使用体验，用户所获得的效用增大，因而服务提供商会提高信息服务费的定价。当 $n \in \left(0, \dfrac{2v\gamma\eta}{\gamma + \eta}\right)$ 时，表明此时的市场规模较小，为了进一步扩大市场规模，运营商在提高产品创新质量的同时应采取降低数据业务费定价的策略，用以吸引更多的用户使用该增值服务产品，以达到扩大市场规模的目的。而当 $n \in \left(\dfrac{2v\gamma\eta}{\gamma + \eta}, \dfrac{4v\gamma\eta}{2\gamma + \eta}\right)$ 时，表示此时的市场已经具有一定的规模，运营商提高自身的创新质量会带来创新投入的增加，为了减少因创新投入增加而对利润造成的影响，运营商会采取提高数据业务费定价的策略。

命题 8.7 当 $n \in \left(0, \dfrac{v\gamma\eta}{\gamma + \eta}\right)$ 时，随着双方合作程度的加深，用户在使用增值服务产品时所支付的总费用会减少；当 $n \in \left(\dfrac{v\gamma\eta}{\gamma + \eta}, \dfrac{4v\gamma\eta}{2\gamma + \eta}\right)$ 时，随着双方合作程度的加深，用户在使用增值服务产品时所支付的总费用会增加。

证明 用户使用增值服务时支付的总费用满足

$$p = p_1^* + p_2^*$$

$$\frac{\mathrm{d}p}{\mathrm{d}\beta} = \frac{n(\gamma + \eta) - v\gamma\eta}{\eta[4v\gamma\eta - n(2\gamma + \eta)]}$$

当 $n < \dfrac{v\gamma\eta}{\gamma + \eta}$ 时

$$\frac{\mathrm{d}p}{\mathrm{d}\beta} < 0$$

所以随着双方合作程度的加深,用户支付的总费用会减少。

同理,当 $n > \dfrac{v\gamma\eta}{\gamma + \eta}$ 时

$$\frac{\mathrm{d}p}{\mathrm{d}\beta} > 0$$

所以随着双方合作程度的加深,用户支付的总费用会增加。

当 $n \in \left(0, \dfrac{v\gamma\eta}{\gamma + \eta}\right)$ 时,表明此时的市场规模较小,市场规模小可能意味着市场竞争比较激烈,市场上的同类增值服务产品较多或相互替代性较强,为了应对激烈的市场竞争,运营商和服务提供商之间应该加强合作,在提高服务产品创新质量的同时,还应该降低产品的价格,以吸引更多的用户使用该增值服务产品,此时运营商和服务提供商之间加强合作有利于社会福利的增加。而当 $n > \dfrac{v\gamma\eta}{\gamma + \eta}$ 时,表明此时的市场已经具有一定的规模,运营商和服务提供商之间合作程度的加深有利于市场垄断局面的形成,此时运营商和服务提供商都会提高产品的定价,以获取更多的垄断利润,所以此时用户支付的总费用会增加。

命题 8.8 随着双方合作程度的加深,运营商和服务提供商的利润都会增大。

证明

$$\frac{\mathrm{d}\pi_M}{\mathrm{d}\beta} = \frac{n\gamma(\beta + v\eta)}{\eta[4v\gamma\eta - n(2\gamma + \eta)]} > 0$$

所以随着 β 的增大,π_m 会增大。

$$\frac{\mathrm{d}\pi_S}{\mathrm{d}\beta} = \frac{n\{2v\gamma\eta[v\eta(\gamma + 2\eta) + \beta(\gamma + 4\eta)] - n[v\eta(\gamma + \eta)^2 + \beta(\gamma^2 + 4\gamma\eta + 2\eta^2)]\}}{\eta(4v\gamma\eta - n(2\gamma + \eta))^2}$$

令 $\dfrac{\mathrm{d}\pi_S}{\mathrm{d}\beta} > 0$,解得

$$n < \frac{2v\gamma\eta[v\eta(\gamma + 2\eta) + \beta(\gamma + 4\eta)]}{v\eta(\gamma + \eta)^2 + \beta(\gamma^2 + 4\gamma\eta + 2\eta^2)}$$

而

$$\frac{2v\gamma\eta[v\eta(\gamma + 2\eta) + \beta(\gamma + 4\eta)]}{v\eta(\gamma + \eta)^2 + \beta(\gamma^2 + 4\gamma\eta + 2\eta^2)} - \frac{4v\gamma\eta}{2\gamma + \eta} = \frac{2v\gamma^2\eta^2(\beta + v\eta)}{(2\gamma + \eta)[v\eta(\gamma + \eta)^2 + \beta(\gamma^2 + 4\gamma\eta + 2\eta^2)]}$$
$$> 0$$

所以当 $n < \dfrac{4v\gamma\eta}{2\gamma + \eta}$ 时,一定有

$$n < \frac{2v\gamma\eta(v\eta(\gamma + 2\eta) + \beta(\gamma + 4\eta))}{v\eta(\gamma + \eta)^2 + \beta(\gamma^2 + 4\gamma\eta + 2\eta^2)}$$

即 $\frac{d\pi_S}{d\beta} > 0$ 成立，故随着 β 的增大，π_S 会增大，命题 8.8 得证。

双方合作程度的加深减少了创新成本，而增值服务产品创新质量的提升又扩大了产品的市场需求，因此运营商和服务提供商的利润都会增大。

结合前面的几个结论可以看出，当运营商与服务提供商合作研发创新时，双方合作程度的加深有利于服务产品创新质量的提升和合作双方利润的增加，同时也有利于社会福利的增加，因此运营商和服务提供商之间应该进一步加深合作。

3. 数值算例分析

为了更清晰地分析运营商和服务提供商之间的合作程度对双方最优决策的影响，同时也为了对前面所得的结论进行验证，下面来看一个具体的数值算例。以前面提到的中国电信和网易公司合作研发增值服务产品"易信"为例。为便于分析，我们对模型参数进行适当的简化，假设运营商和服务提供商所面临的市场规模 n 恒为1，同时假设 $v=4$，$\gamma=0.4$，$\eta=0.6$。图 8-1 和图 8-2 分别展示了合作程度对运营商与服务提供商的最优创新质量和最优定价的影响。

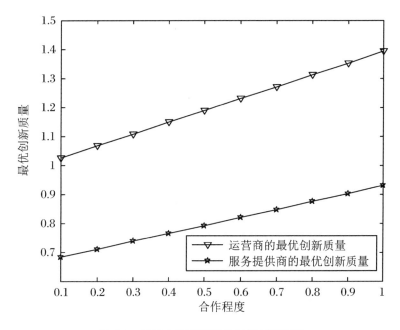

图 8-1 不同合作程度下的最优创新质量

图 8-1 验证了命题 8.5 的结论，随着合作程度的加深，运营商和服务提供商的最优创新质量都会提高。此外，由图 8-1 可以看出，当双方的合作程度加深时，运营商的创新质量提高幅度要大于服务提供商的创新质量提高幅度。这一性质应与

该算例中运营商的质量成本系数高于服务提供商的质量成本系数的假设有关。当运营商的质量成本系数较高时,双方合作程度的加深更有利于运营商的创新成本的减少,因此运营商更愿意提高其创新质量。在实际运营当中,运营商应根据自己的质量成本系数的大小来决定与服务提供商的合作程度。图8-2验证了命题8.6的部分结论,当 $v=4,\gamma=0.4,\eta=0.6$ 时,$\frac{2v\gamma\eta}{\gamma+\eta}=1.92, n\in\left(0,\frac{2v\gamma\eta}{\gamma+\eta}\right)$,随着双方合作程度的加深,运营商的最优定价会减小,服务提供商的最优定价会增大。

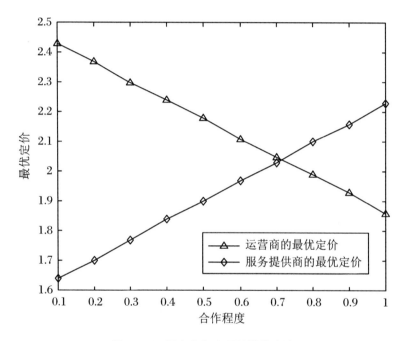

图 8-2 不同合作程度下的最优定价

图 8-3 和图 8-4 分别展示了合作程度对用户支付的总费用以及运营商和服务提供商的利润的影响。

图 8-3 验证了命题 8.7 的部分结论,当 $v=4,\gamma=0.4,\eta=0.6$ 时,$n\in\left(\frac{v\gamma\eta}{\gamma+\eta},\frac{4v\gamma\eta}{2\gamma+\eta}\right)$,此时的市场已经具有一定的规模,双方合作程度的加深为市场垄断局面的形成创造了条件,随着双方合作程度的加深,增值服务产品的创新质量在不断提高,同时用户使用增值服务产品时所支付的费用也在不断增加。图 8-4 验证了命题 8.8 的结论,随着双方合作程度的加深,运营商和服务提供商的利润都在增加。在市场具有一定规模的情况下,双方合作程度的加深有利于增值服务产品创新质量的提升和市场需求的增加,用户支付费用的增加和产品创新成本的减少给运营商和服务提供商带来了更大的利润空间,所以运营商和服务提供

商的利润都会增加。由图8-4可以看出,双方合作程度加深时,服务提供商的利润增加幅度要大于运营商的利润增加幅度,因此服务提供商更愿意与运营商进行深入的合作。在实际运营当中,运营商应结合服务提供商的这一特点,选择创新能力较强的服务提供商作为其合作伙伴并与其展开深入的合作,从而达到增加双方利润的目的。

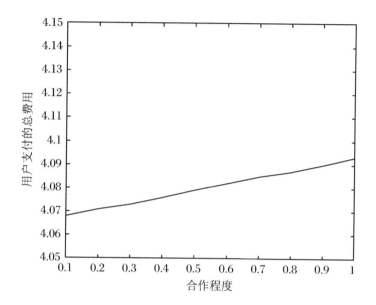

图 8-3　不同合作程度下用户支付的总费用

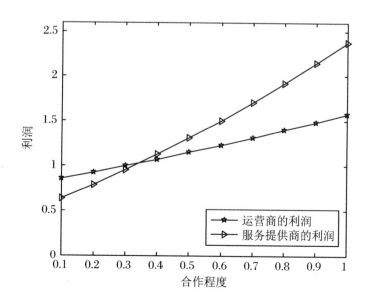

图 8-4　不同合作程度下的利润

第 9 章　总结与展望

9.1　主要研究结果

　　移动互联网技术的快速发展以及第四和第五代移动通信技术的投入使用,改变了电信产业的格局,电信产业价值链由传统的链式结构向网状结构转变,价值链成员间的关系变得更加复杂。产业结构的转变给电信产业的发展带来了一系列的问题。本书以当前我国电信产业的发展现状为研究背景,提炼出当前的电信产业面临的四个问题:① 移动互联网的发展打破了传统的电信产业价值链的结构,运营商在价值链中的核心地位进一步动摇,企业间的关系更加复杂,企业间的分散决策导致了渠道效率的低下,日趋激烈的竞争使得电信产业价值链的有效协作更加难以实现;② 用户需求的多样化对移动终端的设计提出了更高的要求,终端产品创新成为运营商和终端制造商面临的新问题;③ 电信产业是一种典型的网络型产业,具有网络外部性的显著特征,即用户在使用某项电信服务时,除了能从该服务中获得一般效用外,还会因为与其他使用同种服务的用户形成网络并通过相互联系获得协同价值。网络外部性的存在促使电信运营商继续扩大市场份额,电信运营商的成本投入也在不断的增加,决策也变得复杂起来,并且电信业供应链节点的多样性导致整个电信业供应链系统的决策更加复杂;④ 移动互联网增值服务产品创新不足,产品同质化现状严重,高研发投入和市场需求的不确定性制约了企业创新的积极性。以此为基础,本书研究了电信业供应链的协调策略与创新激励问题,主要研究结果如下。

　　(1) 以前人的研究成果为基础,对价值链、电信产业价值链、供应链、电信业供应链等相关概念进行了文献综述,比较了上述概念的异同,为本书后续内容的研究提供了理论基础。

　　(2) 回顾了我国电信产业的发展历程,分析了电信产品的主要特点,研究了不同时期电信业供应链的结构特点及成员间的合作模式。通过对当前我国电信产业发展现状的分析,指出我国电信产业存在着以下问题:终端定制模式影响了运营商的利润增长,运营商面临囚徒困境;电信业务资费定价放开,新兴的移动互联网业务对运营商的传统业务造成冲击,运营商转入流量经营时期;分散决策模式导致渠道效率低下,电信业供应链的协调性难以实现;缺乏合理的激励机制,电信信息产品创新不足。

(3) 研究了终端定制模式下的电信业供应链协调问题。当终端制造商、运营商和服务提供商之间存在合作关系时,成员间共同决定终端产品价格、用户入网价格以及增值服务产品的价格时可以实现整体利润的最大化,利用 Shapley 值法分配合作时的利润可以使供应链成员的利润都得到帕累托改进,进而实现供应链的协调。在终端定制模式下,运营商利用成本共担契约能够激励终端制造商提高其生产技术水平,合理的成本分担系数能够使双方的利润都得到帕累托改进,实现供应链的部分协调。

(4) 研究了移动互联网环境下电信业供应链的定价问题及供应链的协调问题。通过对移动互联网环境下电信业供应链所呈现的特点进行分析后指出,双渠道合作模式与管道合作模式是当前电信产业中运营商和服务提供商之间的主要合作模式。以此为基础,分别研究了两种合作模式下电信增值服务产品的定价问题及管道合作模式下电信业供应链的协调问题。在双渠道合作模式下,当运营商和服务提供商之间存在竞争时,处于主导地位的运营商在竞争中存在一定的优势。在管道合作模式下,运营商利用单边转移支付策略能够鼓励服务提供商从全局最优的角度去决策,通过设计合理的转移支付函数和固定转移支付能够使双方的利润得到帕累托改进并能实现供应链的协调。

(5) 分别从电信运营商与电信代理商的合作以及电信运营商和终端制造商之间的合作出发,探讨了电信业供应链从不考虑网络外部性到考虑网络外部性的变化过程中协调契约是否仍然适用的问题,以及电信业供应链中成员间利润的变化情况。研究表明:当电信业供应链由电信运营商和电信代理商组成时,不管在电信业供应链中是否考虑网络外部性,服务成本共担契约都能实现电信业供应链的协调,并且网络外部性的客观存在性对于提高电信业供应链中各成员的利润以及电信业供应链系统的利润都是有益处的;当电信业供应链由电信运营商和终端制造商组成时,单独的销售努力成本共担契约无法实现供应链的协调,如果采用特许经营契约,不管在电信业供应链中是否考虑网络外部性,特许经营契约都能实现电信业供应链的协调。

(6) 研究了运营商和终端制造商以及服务提供商之间的创新激励问题。在运营商与终端制造商的合作模型中,当终端制造商从软、硬件方面进行产品创新时,运营商一方面对终端制造商的产品创新进行宣传,另一方面通过设计合理的单边转移支付策略能够激励终端制造商从全局最优的角度去决策,在提高其产品创新水平的同时能够实现双方利润的增长。在运营商与服务提供商的合作模型中,当市场规模较小时,运营商和服务提供商之间进行电信增值服务产品的合作研发能够激励服务提供商提高其增值服务产品的创新水平,并能实现双方利润的增加。当考虑运营商和服务提供商之间的合作程度时,合作双方合作程度的加深既有利于增值服务产品创新质量的提升,又有利于合作双方利润的增加。当市场规模较小、市场竞争激烈时,合作双方合作程度的加深既有利于提高双方的市场竞争力又有利于社会福利的增加。

9.2 研 究 展 望

本书虽然对电信业供应链的协调策略与创新激励问题进行了研究,得到了一些有一定价值的结论,但由于受研究时间及作者研究能力的限制,本书的研究还有一定的局限性,后续的研究工作可从以下三个方面展开。

(1) 在研究终端定制模式下电信业供应链的协调问题时,为了研究上的方便,在模型构建方面,没有考虑运营商和服务提供商在向用户提供增值服务时的可变成本。事实上,尽管运营商和服务提供商的单位服务成本较低,但当用户群体较大或运营商和服务提供商提供的服务次数较多时,服务成本仍然是一笔不小的数目。当考虑单位服务成本时,运营商和服务提供商的最优决策可能会发生变化,在后续的研究工作中应将单位服务成本考虑到模型当中去。此外,在研究运营商和服务提供商的合作关系时,本书构建的是"围墙花园模式"下的合作关系模型,而随着移动互联网技术的发展,运营商和服务提供商之间的关系已经从"围墙花园模式"转变到"管道模式",在后续的研究工作中还需要考虑运营商和服务提供商之间合作模式的变化。

(2) 在研究移动互联网环境下电信业供应链的定价与协调策略时,本书考虑的都是单个运营商和单个服务提供商的情形。而在实际问题当中,单个运营商可能同时和多个存在竞争关系的服务提供商建立合作关系,单个服务提供商也可能和多个存在竞争关系的运营商建立合作关系。此外,在研究电信业供应链的创新激励问题时,本书构建的也都是一对一的合作关系,没有考虑一对多和多对一的情形,这种一对多或多对一的合作关系更符合实际问题,这也是本书后续的一个研究方向。

（3）在构建电信运营商与电信代理商的博弈模型时，我们假设的是电信运营商在博弈过程中处于主导地位，构建电信运营商和终端制造商的博弈模型时，我们假设的是终端制造商处于主导地位。但是随着移动互联网的发展，电信业供应链中渠道商的竞争激烈，双方在博弈过程中的主导地位可能会发生变化，一旦主导地位发生变化，模型的结果也会发生改变，这些也是我们在后续研究中需要关注的问题。

参 考 文 献

[1] Porter M E. The competitive advantage [M]. NewYork:The Free Press,1985.
[2] Govindarajan V, Shank J K. Strategic cost management:tailoring controls to Strategies [J]. Journal of Cost Management,1992,6(3):14-25.
[3] Hines P, Rich N, Bicheno J, et al. Value stream management[J]. International Journal of Logistics Management,1998,9(1):25-42.
[4] Rayport J F, Sviokla J J. Exploiting the virtual valuechain[J]. Harvard Business Review,1995,73(6):75-99.
[5] Slywotzky A J, Morrison D J. The profitzone[M]. New York:Times Business,1997:19-20.
[6] 马歇尔.经济学原理[M].北京:商务印书馆,1997.
[7] 潘成云.解读产业价值链:兼析我国新兴产业价值链基本特征[J].当代财经,2001(9):7-11,15.
[8] 李平,狄辉.产业价值链模块化重构的价值决定研究[J].中国工业经济,2006(9):71-77.
[9] 张琦,孙理军.产业价值链密炼机理及优化模型研究[J].工业技术经济,2005(7):111-113.
[10] 韩月.电信产业价值链主导权变迁的机理研究[D].长春:吉林大学,2010:6-7.
[11] 范云翠.电信产业价值链主体的合作竞争机制研究[D].长春:吉林大学,2009:37-38.
[12] Ellram L M. Supply-chain management:the industrial organisationperspective[J]. International Journal of Physical Distribution & Logistics Management,1991,21(1):13-22.
[13] 马士华.供应链管理第一讲:供应链管理提出的时代背景与战略[J].物流技术,2003(4):41-42.
[14] 胡亦盛,楼儒铠,章豪锋.价值链、供应链与产业链的概念辨析[J].现代经济(现代物业中旬刊),2010,9(6):22-23,105.
[15] 郑惠莉,王良元.电信业供应链分析[J].南京邮电学院学报(社会科学版),2004,6(4):6-10,16.
[16] 郑惠莉.电信供应链协调研究[D].南京:东南大学,2004:4.

参考文献

[17] Agrell P J, Lindroth R, Norrman A. Risk, information and incentives in telecom supplychains[J]. International Journal of Production Economics, 2004, 90(1):1-16.

[18] Lamothe J, Mahmoudi J, Thierry C. Cooperation to reduce risk in a telecom supply chain[C]//Supply Chain Forum: An International Journal. KEDGE Business School, 2007, 8(2):36-52.

[19] Thierry C, Mahmoudi J, Lamothe J. Risk analysis for cooperation policies benefits in reducing the bullwhip effect in a telecom supplychain[J]. International Journal of Simulation and Process Modelling, 2011, 6(3):218-227.

[20] 曹爱红. 电信业供应链应用研究[D]. 南京:南京邮电大学, 2004:20.

[21] 白秀广, 舒华英. 多随从 Stackelberg 模型在电信供应链中的应用研究[J]. 中国通信, 2009, 6(4):51-54.

[22] 董保民, 王运通, 郭桂霞. 合作博弈论:解与成本分摊[M]. 北京:中国市场出版社, 2008:56-57.

[23] 黄涛. 博弈论教程:理论·应用[M]. 北京:首都经济贸易大学出版社, 2004:38.

[24] 张维迎. 博弈论与信息经济学[M]. 上海:上海三联出版社, 1999:43-47.

[25] 谢识予. 经济博弈论[M]. 2版. 上海:复旦大学出版社, 2002:134-135.

[26] The Shapley value: essays in honor of Lloyd S. Shapley[M]. London: Cambridge University Press, 1988.

[27] Cachon G P, Lariviere M A. Supply chain coordination with revenue-sharing contracts: strengths andlimitations[J]. Management Science, 2005, 51(1):30-44.

[28] Pasternack B A. Optimal pricing and return policies for perishable commodities[J]. Marketing Science, 1985, 4(2):166-176.

[29] Cachon G P. Supply chain coordination withcontracts[J]. Handbooks in Operations Research and Management Science, 2003, 11:227-339.

[30] Tsay A A. The quantity flexibility contract and supplier-customerincentives[J]. Management Science, 1999, 45(10):1339-1358.

[31] Mortimer J H. The effects of revenue-sharing contracts on welfare in vertically-separated markets: evidence from the video rental industry[M]. Harvard University, 2002.

[32] Mortimer J H. Vertical contracts in the video rental industry[J]. The Review of Economic Studies, 2008, 75(1):165-199.

[33] 郭福利. 基于随机需求的供应链收益共享契约设计研究[D]. 西安:西安理工大学, 2008:9.

[34] Spengler J J. Vertical integration and antitrustpolicy[J]. The Journal of Political Econo-

my,1950:347-352.

[35] 亚当·斯密.国富论[M].杨敬年,译.西安:陕西人民出版社,2001:5-6.

[36] 罗宾斯,库尔特.管理学[M].孙健敏,等,译.北京:人民大学出版社,2008:145-147.

[37] Vroom V H. Work and motivation[M]. NY:John Wiley &Sons,1964:47-51.

[38] Berry D, Towill D R, Wadsley N. Supply chain management in the electronics productsindustry[J]. International Journal of Physical Distribution & Logistics Management, 1994,24(10):20-32.

[39] Collin J, Lorenzin D. Plan for supply chain agility at Nokia:lessons from the mobile infrastructureindustry[J]. International Journal of Physical Distribution & Logistics Management,2006,36(6):418-430.

[40] Olhager J, Persson F, Parborg B, et al. Supply chain impacts at Ericsson-from production units to demand-driven supply units[J]. International Journal of Technology Management,2002,23(1):40-59.

[41] Catalan M, Kotzab H. Assessing the responsiveness in the Danish mobile phone supplychain[J]. International Journal of Physical Distribution & Logistics Management, 2003,33(8):668-685.

[42] 黄逸珺,舒华英.电信运营商的供应链管理[J].中国管理科学,2002,10(z1):571-574.

[43] 郑惠莉,达庆利.移动互联网供应链协调机制研究[J].管理科学学报,2005,8(5):31-37.

[44] 丁邡.电信业服务供应链结构影响因素研究[J].学理论,2012(29):93-98.

[45] BakerG, Megler V. The Semi-Walled Garden:Japan's "i-mode Phenomenon"[R]. IBM pSeries Solutions Development,2001.

[46] 吕昌春,李林园.移动互联网产业链平台竞争与电信运营商增值业务发展策略研究[J].邮电设计技术,2010(11):16-20.

[47] 满青珊,张金隆,种晓丽,等.基于博弈论的移动增值服务价值链协调机制[J].管理工程学报,2013,27(2),177-185.

[48] 张金隆,满青珊,聂磊,等.移动商务战略联盟研究[M].北京:科学出版社,2013:98-99.

[49] 杨进.互联网应用的冲击和应对策略[J].信息通信技术,2008(3):71-76.

[50] Chakravarty A K, Werner A S. Telecom service provider portal:Revenue sharing andoutsourcing[J]. European Journal of Operational Research,2011,215(1):289-300.

[51] Tsay A A, Agrawal N. Channel Conflict and Coordination in the E - Commerce Age [J]. Production and Operations Management,2004,13(1):93-110.

[52] Yan R, Pei Z. Retail services and firm profit in a dual-channel market[J]. Journal of Retailing and Consumer Services,2009,16(4):306-314.

[53] 张毅.移动互联网时代运营商应庆幸"沦为管道"[J].移动通信,2013(19):45-47.

[54] 满青珊,刘兴川,张金隆.基于单边转移支付的移动商务价值链协调机制[J].计算机集成制造系统,2013,19(11):2871-2876.

[55] 李高广,吕廷杰.电信运营商移动互联网运营模式研究[J].北京邮电大学学报(社会科学版),2008,10(3):29-33.

[56] 黄逸珺.电信运营产业供应链的系统动力学模型[D].北京:北京邮电大学,2004.

[57] 吴传宝,孙筱奇.增值业务商业模式分析[J].通信管理与技术,2006(2):10-12.

[58] El-Azouzi R,Altman E,Wynter L. Telecommunication's network equilibrium with price and quality-of-service characteristics[C]//Proceedings of ITC,2003.

[59] 岳欣,解建辉,忻展红.双寡头电信市场中 SP 的定价模型[J].运筹与管理,2007,16(2):50-53.

[60] 孙巍,李何,何彬,等.现阶段电信业市场结构与价格竞争行为关系的实证研究[J].中国工业经济,2008(4):73-81.

[61] 种晓丽,张金隆,满青珊,等.基于消费者效用的移动服务定价策略研究[J].管理学报,2011,8(12):1823-1830.

[62] 蒋丽丽,梅姝娥,仲伟俊.移动商务价值链中不同合作机制的影响[J].东南大学学报(英文版),2011,27(3):335-339.

[63] 佟健.垄断竞争的电信业定价策略研究[J].产经评论,2014,5(1):87-95.

[64] 林家宝,鲁耀斌,张龙.移动服务供应链的收益分配机制研究[J].管理学报,2009,6(7):906-909.

[65] 刘国亮,范云翠.基于收入共享合同的电信运营商与 SP 的合作机制研究[J].软科学,2009,23(9):11-15.

[66] 白秀广.二层规划及其在电信供应链协调中的应用[D].北京:北京邮电大学,2009.

[67] Gong Y,Li B,Li D. The Price Strategy and Mobile Internet Supply Chain Coordination Mechanism in China[C]//E-Business and E-Government(ICEE),2010 International Conference on. IEEE,2010:2170-2173.

[68] 吴军,田甜,欧海鹰,等.基于投资合作的电信增值业务服务链研究[J].管理评论,2012,24(11):81-86.

[69] 戴建华,白秀广,舒华英.多主导多随从电信产业价值链协调研究[J].中国通信,2011,8(5):157-164.

[70] 李垣,李西垚,方润生.影响我国企业自主创新的内部因素分析[J].成组技术与生产现代化,2007,24(1):9-12,18.

[71] 吕宏芬,余向平.企业创新力的影响因素及提升对策[J].企业经济,2007(5):38-40.

[72] 贾生华,疏礼兵,邬爱其.民营企业技术创新能力的影响因素及其差异分析:以浙江省为例[J].管理学报,2006,3(1):103-108.

[73] Camarinha-Matos L M, Abreu A. Performance indicators for collaborative networks based on collaborationbenefits[J]. Production Planning and Control,2007,18(7):592-609.

[74] 宋慧林.酒店企业创新的影响因素及效应分析[D].大连:东北财经大学,2012.

[75] 范群林,邵云飞,唐小我.中国汽车产业环境技术创新影响因素实证研究[J].管理学报,2012,9(9):1323-1329.

[76] 齐旭高,周斌,吕波.制造业供应链协同产品创新影响因素的实证研究[J].中国科技论坛,2013(6):26-32.

[77] 吴冰,刘义理,赵林度.供应链协同知识创新的激励设计[J].科学学与科学技术管理,2008,29(7):120-124.

[78] 钟和平,张旭梅,方润生,等.冗余资源配置条件下的企业技术创新激励合约研究[J].管理学报,2010,7(2):204-211.

[79] 杜晓君,梅开.纵向结构专利联盟的创新激励作用分析[J].科研管理,2010,31(1):64-68.

[80] Bourreau M, Doğan P. Regulation and innovation in the telecommunications industry[J]. Telecommunications Policy,2001,25(3):167-184.

[81] 付启敏,刘伟.供应链企业间合作创新的联合投资决策:基于技术不确定性的分析[J].管理工程学报,2011,25(3):172-177.

[82] Bhaskaran S R, Krishnan V. Effort, revenue, and cost sharing mechanisms for collaborative new productdevelopment[J]. Management Science,2009,55(7):1152-1169.

[83] 杨林.移动通信技术创新及其对我国的启示[J].技术经济与管理研究,2002(5):21-23.

[84] 唐任伍,刘岩.中国电信运营业技术创新的制度激励[J].北京邮电大学学报(社会科学版),2003,5(1):24-28.

[85] 施涛.移动增值服务创新激励分析[J].科技管理研究,2007,27(9):28-30.

[86] 张先郁.基于纵向研发合作的电信信息产品供应链激励机制研究[D].广州:暨南大学,2010.

[87] 王晓明,李仕明,杨华刚,等.考虑共赢的电信业务创新动态激励合同研究[J].系统工程学报,2011,26(5):671-678.

[88] 沈焱,王晓明,李仕明.显性与隐性激励下的电信业务创新的共赢合同设计[J].预测,2013,32(1):67-71.

[89] 刘国亮,范云翠.基于合作研发与推广的运营商与终端厂商的双边激励研究[J].科技进步与对策,2010,27(2):8-11.

[90] 赵蜀蓉,陈绍刚,王少卓,等.委托代理理论下的寡头竞争机制研究:基于中国电信业的模型分析[J].管理科学,2013,26(6):105-114.

[91] 胡东.移动互联网时代电信运营商创新策略研究[J].信息通信技术,2014(4):32-35.

[92] 朱丽萍.中国电信产业技术创新与激励规制研究[D].太原:山西财经大学,2014.

[93] HajjiA, Pellerin R, Leger P M, et al. Dynamic pricing models for ERP systems under network externality[J]. International Journal of Production Economics,2012,135(2):708-715.

[94] 胥莉,陈宏民.具有网络外部性特征的企业定价策略研究[J].管理科学学报,2006,9(6):23-30.

[95] Molina-Castillo F J, Munuera-Aleman J L, Calantone R J. Product quality and new product performance:The role of network externalities and switchingcosts[J]. Journal of Product Innovation Management,2011,28(6):915-929.

[96] 潘小军,陈宏民,胥莉.基于网络外部性的固定与比例抽成技术许可[J].管理科学学报,2008,11(6):11-17.

[97] Viswanathan S. Competing across technology-differentiated channels:The impact of network externalities and switchingcosts[J]. Management Science,2005,51(3):483-496.

[98] 卢珂,周晶,林小围.考虑交叉网络外部性的网约车平台市场定价研究[J].运筹与管理,2019,28(7):169-178.

[99] 周雄伟,蔡丹,李世刚,等.基于网络外部性和质量差异化的产品定价策略[J].管理科学学报,2019,22(8):1-16.

[100] 石纯来,聂佳佳.网络外部性对双渠道供应链信息分享的影响[J].中国管理科学,2019,27(8):142-150.

[101] 朱宾欣,马志强,高鹏.网络外部性对线下商定价和服务提供策略的影响[J].系统工程,2019,37(4):74-82.

[102] 丁一珊,李寿德.网络外部性条件下企业产品创新与商誉动态控制[J].系统管理学报,2019,28(5):883-888.

[103] 易余胤,张显玲.网络外部性下零售商市场策略演化博弈分析[J].系统工程理论与实践,2015,35(9):2251-2261.

[104] 易余胤,杨海深,张显玲.网络外部性下双零售商竞争的演化博弈分析[J].管理科学学报,2016,19(9):34-48.

[105] 刘晓婧,艾兴政,唐小我,等.基于网络外部性与产品替代的链与链纵向结构选择[J].控制与决策,2016,31(5):863-868.

[106] 刘晓婧,艾兴政,唐小我.网络外部性下基于不确定环境的竞争供应链纵向结构选择

[J].控制与决策,2016,31(10):1817-1823.

[107] 刘晓婧,艾兴政,唐小我.网络外部性下链与链竞争纵向联盟和收益共享合同[J].预测,2016,35(4):75-80.

[108] 刘维奇,张苏.双边平台兼并策略下的定价问题分析[J].中国管理科学,2017,25(5):17-24.

[109] 吴旭亮,刘雅甜.平台间网络外部性与平台竞争策略[J].经济与管理研究,2017,38(1):72-83.

[110] 张旭梅,范乔凌,王大飞,等.基于网络外部性的电信供应链产品和服务捆绑定价均衡分析[J].系统管理学报,2018,27(2):366-373

[111] 王晓明,李仕明,倪得兵.网络外部性下的电信业务服务质量和定价的博弈分析[J].系统工程理论与实践,2013,33(4):910-917.

[112] HURKENS S, LOPEZ A L. Mobile termination, network externalities and consumer expectations[J]. Economic Journal,2014,124(579):1005-1039.

[113] 曾剑秋.电信产业发展概论[M].北京:北京邮电大学出版社,2001:41-57.

[114] 陈小洪.中国电信业:政策,产业组织的变化及若干建议[J].管理世界,1999(1):126-138.

[115] 刘立.我国电信业价值链与电信企业运营模式演进的实证研究[J].管理世界,2006(6):85-91.

[116] 刘玉芹,胡汉辉.电信产业链网状化与电信市场竞争[J].中国工业经济,2011(10):130-140.

[117] Sarkar M B, Cavusgil S T, Aulakh P S. International expansion of telecommunication carriers:The influence of market structure, network characteristics, and entry imperfections[J]. Journal of International Business Studies,1999:361-381.

[118] Akkermans H, Vos B. Amplification in service supply chains:an exploratory case study from the telecomindustry[J]. Production and Operations Management,2003,12(2):204-223.

[119] 《中华人民共和国反垄断法》[EB/OL].http://www.gov.cn/flfg/2007-08/30/content_732591.htm,2014.11.7

[120] 张晖,何逊峰.论电信产业的自然垄断性[J].商业时代,2009(1):94-95.

[121] 石玉洁.浅析中国电信产业的自然垄断性和政治规制[J].党史博采(理论版),2009(7):22,26.

[122] 艾伯特·赫希曼.经济发展战略[M].曹征海,潘照东,译.北京:经济科学出版社,1991:98.

[123] Rohlfs J. A theory of interdependent demand for a communicationsservice[J]. The Bell Journal of Economics and Management Science,1974:16-37.

[124] Katz M L, Shapiro C. Network externalities, competition, andcompatibility[J]. The American Economic Review,1985:424-440.

[125] 孙璐,潘琦.网络外部性条件下电信市场的竞争分析[J].对外经贸,2014(4):62-63,75.

[126] Zhong W, Wang J M, Zhang Y. Research on competitive strategies of telecom operators in post-3G era based on industry chain value stream[J]. Applied Mechanics and Materials,2013(380):4547-4551.

[127] 罗剑锋.产业链变革的动态视角下通信运营商合作伙伴选择与合作机制研究[D].长沙:中南大学,2013.

[128] 任小璇.电信运营商与终端商的合作模式[J].通信企业管理,2013(3):82-84.

[129] 程月,姜宇.基于运营商的手机终端定制分析与研究[J].市场周刊,2013(6):67-69.

[130] 王文倩.日韩3G产业链发展模式研究[J].华商,2007(24):27-28.

[131] 网易科技.消息称AT&T将成亚马逊新款智能手机独家运营商[EB/OL]. Tech. 163. com/14/0617/20/9UVGSSQA000915BE.html,2014-06-17.

[132] 郑鑫,朱晓曦,马卫民.基于Shapley值法的三级闭环供应链收益分配模型[J].运筹与管理,2011,20(4):17-22.

[133] 张成堂,武东,周永务.联盟博弈下基于Shapley值法的三层供应链协调机制[J].工程数学学报,2011,28(6):763-770.

[134] 陆富琪.电信增值业务及其运营模式研究[J].当代通信,2005(15):15-16.

[135] 梁青峡.河南网通网络视频监控业务市场与运作研究[D].北京:北京邮电大学,2008.

[136] 邢光军,李晓斌.终端定制情形下的电信供应链利润共享研究[J].南京邮电大学学报(社会科学版),2013,15(4):52-60.

[137] Jiang L, Mei S, Zhong W. Effects of quality improvement in a mobile value chain with duopoly MNOs[C]//LISS 2012. Springer Berlin Heidelberg,2013:845-852.

[138] Chakravarty A K, Werner A S. Telecom service provider portal:Revenue sharing andoutsourcing[J]. European Journal of Operational Research,2011,215(1):289-300.

[139] Leng M, Zhu A. Side-payment contracts in two-person nonzero-sum supply chain games:Review, discussion andapplications[J]. European Journal of Operational Research,2009,196(2):600-618.

[140] 唐宏祥,何建敏,刘春林.一类供应链的线性转移支付激励机制研究[J].中国管理科学,2003,11(6):29-34.

[141] Kimbrough E O, Sheremeta R M. Side-payments and the costs ofconflict[J]. Interna-

[142] 姚树俊,陈菊红.基于旁支付契约的产品服务价格协调机制研究[J].软科学,2013,27(2):55-61.

[143] Tsay A A, Agrawal N. Channel dynamics under price and servicecompetition[J]. Manufacturing & Service Operations Management,2000,2(4):372-391.

[144] 孟卫东,代建生.合作研发中的双边道德风险和利益分配[J].系统工程学报,2013,28(4):464-471.

[145] 汪蓉.信息产品供应链合作关系协调问题研究[D].上海:上海交通大学,2007.

[146] Leng M, Zhu A. Side-payment contracts in two-person nonzero-sum supply chain games:Review, discussion andapplications[J]. European Journal of Operational Research,2009,196(2):600-618.

[147] Yan R. Profit sharing and firm performance in the manufacturer-retailer dual-channel supplychain[J]. Electronic Commerce Research,2008,8(3):155-172.

[148] 王晓明,李仕明,杨华刚,等.考虑共赢的电信业务创新动态激励合同研究[J].系统工程学报,2011,26(5):671-678.

[149] 施涛.移动增值服务创新激励分析[J].科技管理研究,2007,27(9):28-30.

[150] 沈焱,王晓明,张志英,等.电信数据业务创新质量、参与者相对市场关系与定价决策[J].系统管理学报,2014,23(6):797-803.

[151] 张先郁.基于纵向研发合作的电信信息产品供应链激励机制研究[D].广州:暨南大学,2010.

[152] 王晓明,李仕明.电信商业模式业务创新的共赢机制研究[J].控制与决策,2010,25(3):356-360,366.

[153] 胡婉丽,汤书昆,胡长颂.合作创新三阶段博弈模型:合作程度对RJV的影响分析[J].运筹与管理,2004,13(5):71-75.

[154] 吴光东,施建刚,唐代中.基于合作创新的项目导向型供应链跨组织双向激励模型[J].软科学,2012,26(8):16-22.